LE VILLAGE SOVIÉTIQUE

1927

1917

EN CHIFFRES ET EN DIAGRAMMES

MARCEL LARANGOT

BUREAU D'ÉDITIONS · 132 F[g] St DENIS. PARIS. X[e]

Le village soviétique en chiffres et en diagrammes

Le village soviétique en chiffres et en diagrammes

1917-1927

BUREAU D'ÉDITIONS, 132, Faubourg St-Denis, PARIS

Les diagrammes de ce livre ont été établis d'après des statistiques officielles.

Nous avons principalement utilisé les données de la Direction Centrale de la Statistique de l'U.R.S.S., de l'Union Centrale des Coopératives Agricoles, du Gosplan, du Service d'organisation du Comité Central Exécutif de l'U.R.S.S., des Commissariats du Peuple de l'Agriculture, de l'Instruction Publique et de l'Hygiène de la R.S.F.S.R.

Les statistiques sur les organisations publiques ont été tirées des matériaux publiés par ces organisations.

Préface

Le Manuel que voici fournit les principaux chiffres sur les conquêtes des paysans de l'U.R.S.S. à la date du dixième anniversaire de leur alliance avec la classe ouvrière ; alliance forgée dans les luttes de la guerre civile et consolidée dans la période suivante de développement paisible et d'organisation d'une nouvelle et meilleure vie pour les travailleurs.

La première décade de l'Etat soviétique a prouvé que les ouvriers et paysans savent non seulement se défendre contre l'attaque des ennemis armés, mais qu'ils savent également, en unissant leurs forces, développer leur économie sur de nouvelles bases, et cela sans les capitalistes et les hobereaux.

La paysannerie a dû supporter les conséquences désastreuses de la guerre mondiale, elle a dû passer par la période difficile de la guerre civile et de l'intervention étrangère, alors que son économie était ruinée par les armées contre-révolutionnaires financées par des capitalistes étrangers ; et c'est ainsi que la possibilité d'une construction paisible ne se présenta qu'en 1921-1922.

Seulement le rétablissement de l'agriculture de l'U.R.S.S. ne peut pas être une simple reproduction de la situation d'avant-guerre. On reconstruit et mécanise l'économie paysanne d'après de nouvelles méthodes. De nouveaux types coopératifs d'économie rurale et de culture commencent à se développer. Le rapide assainissement de l'économie paysanne n'était possible que par la victoire de la révolution qui donna la terre aux paysans et les libéra de dettes et d'impôts insupportables. Le gouvernement des ouvriers et des paysans protégeait et aidait la paysannerie à surmonter les difficultés, en facilitant par toute une série de mesures l'épanouissement de leur économie, le relèvement du niveau culturel et le développement du sens de communauté rurale en assurant l'essor constant de l'agriculture et l'élévation du niveau de vie des masses paysannes.

Tout lecteur impartial pourra se rendre compte, à la lumière des données ci-contre, de la direction dans laquelle se poursuit le développement du village soviétique. Les chiffres contenus dans ce Manuel sont suffisamment éloquents. Ils prouvent que la paysannerie de l'U.R.S.S. est en train de s'élever à un degré supérieur de la production agricole.

Les paysans de l'U.R.S.S. participent, par le redressement et la consolidation de leur économie, par le développement de leur organisation coopérative, à la construction des bases d'un nouvel ordre social, dans lequel il n'y aura plus ni riches ni pauvres et où sera mise en pratique la devise : « Tous pour un, un pour tous ».

Pour le choix des chiffres, nous avons utilisé les données officielles des organes de l'Etat et autorités publiques de l'UR.S.S., ainsi qu'en partie les données des œuvres d'auteurs notoires.

En dehors des sources déjà mentionnées, voici les collaborateurs qui ont participé à l'édition de cette œuvre :

Markouchévitch, M. J. (*Conseil paysan international*), *a collaboré à toutes les questions.*

Baratov, B. I. (*Section paysanne de la Rosta*), *a collaboré aux chapitres : « Les paysans dans la vie publique » et « L'Armée Rouge ».*

Vichnesvky, I. M. (*Commission du plan économique de l'U.R.S.S.*), *a collaboré aux questions de l'agriculture.*

Maslov, P. S., *a collaboré aux questions des coopératives agricoles.*

Mulakov (*Section d'organisation du Comité Central Exécutif de l'Union Soviétique*), *a collaboré à la question « le Pouvoir soviétique et les paysans ».*

Polyansky (*Commissariat du Peuple pour l'Ins-*

truction Publique), a collaboré aux questions de l'instruction publique.

Scheller (*Président de la Banque Centrale d'Agriculture), a collaboré aux questions de crédit.*

Schipilo (*Commission d'Organisation du Comité Exécutif Central de l'Union Soviétique), a collaboré aux questions des nationalités.*

Jazunsky (*Union des Fédérations coopératives agricoles), a collaboré aux questions de l'édification coopérative.*

Gœtz Kilian (*Berlin-Cœpenick), a été chargé de la rédaction technique du Manuel.*

Les travaux de rédaction du Manuel ont été dirigés par Thomas Dombal (*Conseil Paysan International*).

En raison de la variété des questions abordées dans ce Manuel, nous ne pouvions malheureusement nous arrêter à tous les facteurs caractérisant la vie publique de la paysannerie ; aussi avons-nous été contraints — par suite des difficultés rencontrées pour trouver des matériaux sur certaines questions — de n'effleurer celles-ci que furtivement ou bien de ne donner que quelques faits caractéristiques pour mieux illustrer le sujet.

A l'encontre des mensonges répandus par les ennemis des travailleurs sur la vie des paysans en U.R.S.S. — nous espérons que notre Manuel servira de guide réel à tous ceux qui voudront s'informer de la situation véritable des ouvriers et paysans russes.

LES EDITEURS.

VERS LE NOUVEAU VILLAGE

Vers le nouveau village

Ce n'est qu'en tenant compte des conditions spéciales du développement du village soviétique, qu'on peut se faire une idée juste du procès d'édification du nouveau village et apprécier l'élan et les résultats obtenus. L'état extrêmement arriéré du village, hérité du tsarisme, la ruine de l'économie paysanne, conséquence de la guerre impérialiste, les trois années de guerre civile, le fléau de la disette de l'année 1921 et, enfin, le blocus économique organisé par les capitalistes pendant la guerre civile, blocus qui n'est même pas complètement aboli de nos jours — telles sont les étapes que dut franchir le village soviétique.

En étudiant les conditions de vie de la paysannerie pendant les cinq dernières années, on est forcé de constater le rythme extraordinairement rapide de la reconstruction et du développement de l'agriculture ainsi que du progrès et du renforcement de toutes les organisations liées au village — tous faits caractéristiques pour l'édification paisible du village soviétique.

Pour apprécier comme il faut le développement de l'agriculture de l'U.R.S.S., il faut tout d'abord se rendre compte de la différence de principe entre les conditions de développement de l'économie paysanne en U.R.S.S. et celles des autres pays, où le capitalisme domine l'économie nationale. Les renseignements donnés ici sur les étapes à travers lesquelles le village soviétique a dû passer, sont tout à fait édifiants. Il en est de même pour les rapports réciproques entre le prolétariat et la paysannerie. L'on sait que le développement du village est généralement déterminé par le développement de la ville et, en premier lieu, par l'essor de l'industrie. Dans la société capitaliste, le rapport entre la ville et la campagne est fondé sur l'exploitation des masses travailleuses rurales. C'est le développement de l'industrie capitaliste qui crée cet état de choses sur le marché intérieur et qui conduit, en fin de compte, à la ruine de l'élite de la paysannerie moyenne.

Personne ne pourra contester le fait qu'il se produit, dans presque tous les pays à régime capitaliste, un processus d'affaiblissement, une diminution numérique des paysans moyens, comme conséquence de l'appauvrissement de ces derniers. Il s'ensuit une prolétarisation en masse du gros de la paysannerie. Ce qui caractérise la différenciation au village, c'est l'accroissement des couches extrêmes : des pauvres, d'une part, et de la grosse paysannerie, de l'autre, c'est-à-dire de la *bourgeoisie du village*. Une partie insignifiante des paysans moyens se transforme donc en petits capitalistes, tandis que la majorité vient grossir les rangs du prolétariat. Il n'y a pas d'autre issue pour le petit producteur dans la société bourgeoise.

La dictature du prolétariat, basée sur l'alliance du prolétariat avec la masse paysanne, est en réalité la forme suprême de la démocratie; car le système soviétique consiste en ce que la direction de l'Etat est exercée justement par les plus larges masses des ouvriers et paysans eux-mêmes, c'est-à-dire *par plus de 90 % de l'ensemble de la population du pays*. La dictature du prolétariat empêche donc toute exploitation des travailleurs et transforme foncièrement les conditions du développement de l'agriculture. La nationalisation du sol a aboli tout trafic de la terre et a mis un terme à la spéculation sur la propriété foncière. Par cette mesure, il est devenu impossible aux particuliers de concentrer la terre dans leurs mains ; l'exploitation de la terre pour et par la paysannerie travailleuse est donc assurée. La nationalisation de la grosse industrie, des banques et instituts de crédit en U.R.S.S., a engendré entre la ville et le village des rapports réciproques tout à fait différents. La dépendance des paysans du capital privé, source de toutes les misères dans la société capitaliste, est devenue impossible. Tandis que dans les pays capitalistes le pouvoir d'Etat sacrifie, — par sa politique d'imposition de la propriété foncière et par tous les autres moyens à sa disposition, — la paysannerie aux intérêts économiques des capitalistes, gros propriétaires et paysans riches, toute la politique agraire du pouvoir soviétique tend à protéger et à aider la paysannerie laborieuse. En U.R.S.S., le développement du marché n'est pas lié à la ruine et à la prolétarisation des masses paysannes, au contraire l'industrie d'Etat de l'U.R.S.S. vise l'élévation du bien-être des paysans moyens et pauvres qui constituent 95 à 96 % environ de la totalité des masses paysannes.

Comme résultat de cette politique de relèvement du bien-être du village, appliquée par le gouvernement soviétique, on constate un renforcement manifeste des couches moyennes ainsi qu'un accroissement, très insignifiant, il est vrai, de la couche de gros-paysans, aux dépens de la partie aisée des paysans moyens, et une diminution des pauvres. Une partie relativement insignifiante de ces derniers se prolétarise, cependant que la majeure partie améliore sa situation économique et parvient peu à peu à se développer, à s'intégrer dans la couche des paysans moyens. Cette tendance de développement ne dément nullement le fait que le paysan moyen est le type central dans l'agriculture de l'U.R.S.S., au contraire, elle l'accentue encore.

Les nouvelles conditions — créées sous le pouvoir soviétique — assurent à la majorité écrasante de la paysannerie de l'U.R.S.S. la possibilité réelle d'éviter le chemin de la ruine. A l'encontre des paysans des pays capitalistes, livrés sans défense à l'exploitation, un autre chemin s'ouvre aux paysans de l'Union soviétique. C'est le chemin de la transformation coopérative-socialiste de la petite production en grande économie socialisée, basée sur les nouvelles méthodes techniques. La tendance du développement coopératif, c'est la concentration des forces de la paysannerie travailleuse pour le relèvement et la reconstruction de son économie. Elle permet le perfectionnement de l'économie paysanne arriérée de l'U.R.S.S., l'introduction des machines, etc., mesures que ne pourraient prendre les économies isolées. La concentration coopérative conduit directement à l'amélioration de la situation de la paysannerie travailleuse. Elle relève son niveau de vie et contribue à l'intégrer dans le travail d'édification de la nouvelle société. Une des plus essentielles conditions du développement de l'U.R.S.S. vers le socialisme est l'épanouissement des forces productives de la campagne et l'augmentation du bien-être des larges masses paysannes. La ville socialiste se rend pleinement compte que la petite économie individuelle, fondée sur le principe de la propriété privée, restera encore longtemps la base de l'agriculture de l'U.R.S.S., mais elle est résolue fermement à diriger l'économie individuelle peu à peu vers une forme de coopération supérieure. La transition ne peut s'accomplir qu'en accord et avec le consentement des paysans travailleurs eux-mêmes, qui se rendront compte de l'avantage manifeste de la grosse économie socialisée.

A l'encontre de l'anarchie qui règne dans les pays capitalistes, dans le domaine de la production aussi bien que sur le marché en général, le prolétariat, en dirigeant l'édification économique en U.R.S.S., organise toute l'économie nationale sur la base d'un plan bien déterminé. Le gouvernement soviétique concentre son activité sur ce qu'on appelle les « postes de commandement » *la grosse industrie nationalisée, l'édification, la nationalisation des banques et du crédit,* et exerce son influence sur l'économie paysanne, en dirigeant son développement dans la voie du socialisme. Il réalise donc l'enseignement de

Lénine, selon lequel le prolétariat édifiera le socialisme en étroite liaison avec la paysannerie travailleuse.

Dans le milieu capitaliste, la coopérative dégénère souvent en une espèce de société anonyme, inévitablement absorbée par le système organique de l'économie capitaliste. Ces coopératives sont souvent employées par les capitalistes pour soumettre les économies paysannes à leur influence, pour rendre les petits producteurs plus accommodants, comme cela se passe par exemple dans les « *Pools* » *de froment canadiens* (ce sont des coopératives de fermiers dans lesquelles le capital financier joue un rôle prépondérant). Par contre, en U.R.S.S., la coopération est un chaînon important de l'économie, reliant les petits producteurs, l'économie paysanne privée à l'industrie socialiste et, d'une façon générale, à l'édification économique du pays. La coopération en U.R.S.S. représente incontestablement la meilleure forme de la concentration économique des masses paysannes, dont elle stimule l'activité et l'initiative individuelle ; c'est l'organe d'éducation économique, politique et culturelle, l'organe de recrutement pour l'édification socialiste en général. D'où l'importance immense de la coopération agricole en U.R.S.S., où elle rallie une masse toujours grandissante d'économies paysannes. Elle est une garantie sûre pour le relèvement rapide du bien-être de la paysannerie travailleuse.

La coopération agricole passe de plus en plus de la vente, de l'achat, de l'échange des produits socialisés, à la production d'articles de consommation. L'industrie agricole se développe, les laiteries, les fumoirs, les tanneries, etc., se multiplient. C'est par le canal des coopératives que l'Etat exerce son influence systématique sur l'économie, en vue de l'amélioration de la production et de l'augmentation du chiffre d'affaires rural.

L'habitude de commander directement aux producteurs coopérateurs, encore *avant l'époque des semailles,* des qualités et des quantités déterminées de produits, se généralise ; les contre-agents, par exemple l'industrie d'Etat du sucre, du coton ou autres, se réservent le droit de demander, dans le contrat conclu, l'introduction de meilleures méthodes de production et s'engagent par contre à prêter leur concours à la réalisation de cette obligation. Le développement de différentes formes primaires de coopération, de coopératives de machines, de coopératives de labourage en commun, ainsi que le développement de types coopératifs avancés — artels et collectivités agricoles — soulignent la tendance au renforcement des coopératives de production, et assurent à la paysannerie une série d'avantages vis-à-vis des économies non-concentrées coopérativement.

L'introduction de la NEP a rétabli une liaison réelle entre la grosse industrie nationalisée et les petits producteurs ruraux. Chez les hommes politiques à la Lloyd George et ses acolytes, chez les dirigeants social-démocrates comme Kautsky, Otto Bauer et autres, l'introduction de la NEP éveillait l'espoir d'une dégénérescence de l'État prolétarien et d'un revirement de l'U.R.S.S. vers le capitalisme. Cependant, cette espérance des ennemis des travailleurs a été catégoriquement démentie par l'accroissement incontestable des éléments socialistes à la ville et à la campagne.

Leur calcul d'après lequel l'alliance de la classe ouvrière avec les masses paysannes devait se rompre par suite des difficultés de la NEP, ne s'est pas réalisé non plus. Au contraire ! La consolidation de cette alliance est évidente et l'on s'apprête — dans l'intérêt de l'édification sociale — à s'attaquer plus vigoureusement au gros paysan, *principalement du point de vue économique,* en se proposant comme but la liquidation complète de cette couche parasite, exploiteuse (comptant 4 à 5 % de la population rurale). Par ces mesures, les plus fidèles alliés du prolétariat, les masses des paysans pauvres et moyens, seront protégés contre l'exploitation.

Les larges masses paysannes de l'U.R.S.S. reconnaissent de plus en plus qu'il n'y a pas d'autre moyen de développement pour le village laborieux que la réalisation du plan coopératif-socialiste de Lénine dans le domaine de l'agriculture, c'est-à-dire la collaboration de la ville socialiste avec la paysannerie travailleuse. Seul ce chemin conduit au nouveau village socialiste.

L'expérience de la révolution d'Octobre nous a prouvé que le prolétariat, en alliance fraternelle avec la paysannerie travailleuse, est en mesure d'accomplir ces tâches en s'engageant résolument dans la voie de l'édification du socialisme en U.R.S.S., pour la création d'un nouvel ordre social, où il n'y aura plus exploitation de l'homme par l'homme.

L'expérience de l'édification du socialisme en U.R.S.S. démontre que le problème de l'abolition de l'anarchie de la production capitaliste, de la concentration de l'économie d'après les principes socialistes et de l'évincement des contradictions entre la ville et la campagne, ne peut être résolu qu'en alliance fraternelle avec la paysannerie travailleuse.

L'expérience de l'alliance entre les ouvriers et les paysans de l'U.R.S.S., la conquête du pouvoir par les travailleurs et les résultats de l'édification coopérative-socialiste démontrent enfin et irréfutablement la nécessité de renforcer l'alliance ouvrière et paysanne dans tous les pays, afin de réaliser ces tâches à l'échelle mondiale. C'est en réalité l'unique chemin qui conduise à la libération de la paysannerie travailleuse.

Les faits rassemblés dans ce Manuel illustreront pour les dirigeants paysans et les larges masses paysannes de tous les pays, les résultats pratiques obtenus par le premier pays des ouvriers et des paysans. Ils aideront la paysannerie travailleuse de tous les pays à trouver la voie juste pour abolir l'exploitation, pour arriver au village vraiment libre, *au nouveau village*.

LA RÉDACTION.

DIX ANS DE POUVOIR OUVRIER ET PAYSAN

Dix ans de pouvoir ouvrier et paysan

I. La révolution d'Octobre et la guerre impérialiste

« Il y a dix ans, dit le Manifeste du Comité Central Exécutif de l'U.R.S.S., le monde capitaliste était embrasé par l'incendie de la guerre impérialiste. Les puissants ressorts des appétits bourgeois déclenchaient un carnage inouï et la guerre mondiale, happant dans son remous sanglant un pays après l'autre, sévissait comme une catastrophe dévastatrice. Les pages les plus barbares, les plus sales, les plus sanglantes, les plus honteuses, les plus répugnantes de l'histoire universelle pâlissent devant la barbarie de la guerre impérialiste provoquée par la clique des pirates impérialistes anglais, les militaristes de Guillaume II, les usuriers de France, la Russie des tsars autocrates et des gendarmes et le jeune, mais tenace impérialisme japonais. Habilement calculée, dissimulée par des phrases pleines d'hypocrisie, l'entrée en guerre de la bourgeoisie américaine, qui extrayait de la rosée sanglante des champs européens empuantis par les cadavres l'or pur emmagasiné par ses banques, dota la monstrueuse machine à massacre des derniers perfectionnements de la technique.

« Ainsi la domination du capital accula pour la première fois l'humanité tout entière au bord du gouffre, de l'anéantissement, de la mort de la civilisation.»

Ce carnage épouvantable qui coûta la vie à des millions de prolétaires et de paysans et dont le fardeau pèse lourdement sur les épaules des masses travailleuses, mit en lumière, en Russie tsariste plus que partout ailleurs, l'impossibilité de concilier les antagonismes de classes. La guerre impérialiste dévoila aux yeux des larges masses le caractère de classe de la Russie bourgeoise-féodale. Elle affaiblit la capacité de résistance de la bourgeoisie, rassembla, arma et organisa des millions de prolétaires et de paysans pour en faire des armées. Elle plaça enfin le prolétariat et la paysannerie devant la tâche nécessaire et inévitable de prendre le pouvoir pour en finir une fois pour toutes avec l'exploitation et l'oppression des classes dirigeantes. Cette tâche fut formulée clairement par Lénine dans le mot d'ordre : « Guerre à la guerre[1] ». Le prolé-

1. Ce mot d'ordre a été élargi ainsi : « Répondons à la guerre impérialiste par la guerre civile ». Lénine prévoyait — et les événements lui ont donné raison — que les masses travailleuses armées retourneraient leurs armes contre leurs exploiteurs et

tariat russe et la paysannerie qui le suivit réalisèrent pratiquement ce mot d'ordre ainsi que celui-ci « Tout le pouvoir aux Soviets ».

« Au milieu de ce brouillard sanglant, dit plus loin le Manifeste, de cette mer de gaz empoisonnés, du tonnerre d'une canonnade incessante, au moment où la machine de guerre exterminatrice marchait à pleine allure, chantée par la presse de la bourgeoisie, graissée par toute la lâcheté des partis social-démocrates traîtres au socialisme, au milieu de ce chaos infernal, surgit comme un signal la fusée de la révolution russe. Dans une lutte à mort contre une nuée d'ennemis, sous la conduite de la cohorte d'acier des bolchéviks, sous la direction géniale de l'immortel Lénine, le prolétariat mobilisa ses forces et, il y a dix ans, en octobre 1917, écrasant les classes dominantes sous l'insurrection des prolétaires, des paysans et des soldats, se mettant à la tête de tous les travailleurs, le prolétariat de Russie perça une vaste brèche dans le front de l'impérialisme. »

II. La paysannerie russe sur le chemin d'Octobre

« Pendant des siècles, dit le Manifeste, les paysans russes avaient essayé de secouer le joug des seigneurs. Ils se soulevèrent maintes fois contre la noblesse, ils firent maintes fois des efforts surhumains pour rejeter de leurs épaules la racaille du tsarisme et de la noblesse, afin d'enlever la terre aux seigneurs, cette terre abreuvée de la sueur et du sang des paysans. Mais, chaque fois, l'Etat des propriétaires fonciers expédiait ses troupes « très-chrétiennes », la mitraille déchiquetait les chairs du peuple, le sang coulait dans les champs paysans, les villages insurgés étaient anéantis par le fer et par le feu. La Russie des tsars décapita Stienka Razine[1]. La Russie des empereurs mit en cage Emélian Pougatchef[2], elle le fit écarteler. La Russie impérialiste ne se contentait pas de mettre à mort les héros de la lutte paysanne. Elle voulut en faire des malfaiteurs » et des « brigands ».

La révolution paysanne des années 1773-1775 fut étouffée dans le sang des paysans insurgés. Les corps des

---

transformeraient la guerre impérialiste en guerre des ouvriers et des paysans contre le capitalisme et les propriétaires fonciers pour la conquête du pouvoir des travailleurs.

1. Stienka Razine fut le chef de l'insurrection paysanne dans la deuxième moitié du XVIIe siècle. Il fut décapité à Moscou en 1671.

2. Emélian Pougatchev fut le chef de l'insurrection paysanne dans la deuxième moitié du XVIIIe siècle. Après des tortures horribles, il fut écartelé à Moscou le 21 janvier 1775.

paysans décapités furent jetés sur toutes les routes. Le général en chef, Panine, fit cruellement fouetter tous les survivants sans exception et les enrôla de force dans l'armée de leurs bourreaux. A ceux qui étaient inaptes au service, il faisait couper une oreille pour stigmatiser à jamais leur tentative « criminelle ».

Mais la terreur sanglante ne vint pas à bout de l'ardeur révolutionnaire des paysans et la lutte continua pour « la terre et la liberté ». Cette lutte s'intensifia encore dans la deuxième moitié du XIXe siècle et, en 1861, les paysans obtinrent enfin l'abolition du servage. Mais cette « abolition » fut exécutée par les propriétaires fonciers qui surent conserver tout leur pouvoir. Jusqu'à la révolution d'Octobre, un régime semi-féodal se maintint à la campagne. La spoliation des paysans « libérés » par les propriétaires fonciers (détachement des meilleurs champs, paiement de fermages écrasants, etc.) fortifièrent encore le mouvement agraire.

Dans les quatre mois qui suivirent l' « abolition », il y eut 647 cas de soulèvements, c'est-à-dire plus que dans les trente années qui l'avaient précédée. De 1870 à 1880 le mouvement s'affaiblit.

Mais dans les premières années du XXe siècle, la lutte révolutionnaire des paysans reprend avec intensité. Le développement du capitalisme provoque une différenciation nette des classes dans les campagnes. D'une part se forme le noyau d'une bourgeoisie agraire, d'autre part, le nombre des paysans pauvres s'accroît. L'aggravation de la lutte de classe dans les campagnes en est la conséquence. L'exploitation semi-féodale et la ruine de la paysannerie, par suite du développement du capitalisme, sont le point de départ d'une nouvelle révolution paysanne. La vague révolutionnaire s'étend de plus en plus et, dans l'été de l'année 1905, la lutte immédiate pour la terre se déclenche. Les paysans prennent possession des domaines des propriétaires, leur enlèvent la récolte, etc. En automne 1905, le mouvement s'accroît encore, il coïncide avec le mouvement dans les villes. Il englobe presque la moitié de toute la population russe.

Mais malgré sa force et son intensité, la révolution de 1905 subit un échec. Pourquoi ? La cause principale en est que les ouvriers et les paysans luttèrent séparément, que leur action contre l'ennemi commun : les propriétaires fonciers et les capitalistes, ne fut pas coordonnée. Le front unique, l'union étroite entre les ouvriers et les paysans qui conduisit à la victoire décisive des travailleurs de la grande révolution d'Octobre, n'existait pas encore.

Après avoir abattu la première révolution, le gouvernement du tsar, fidèle à sa politique de terreur sanglante contre les travailleurs, châtia durement les vaincus : sous la conduite des généraux féodaux, des expéditions punitives furent envoyées à travers le pays où elles semèrent la terreur.

« Après la révolution de 1905 également, dit le Manifeste, la Russie des tsars écorchait les paysans pour avoir saisi la hache et la fourche et fait valoir leurs intérêts sur la terre seigneuriale. « La terre ! » criaient les paysans; « Des balles ! Ne ménagez point les cartouches ! » répliquait le pouvoir absolu du tsar. »

Il n'hésita même pas à bombarder les villages.

Certes, les paysans arrachèrent quelques concessions, mais à quel prix ! Ainsi l'ukase du 3 novembre annula les arriérés de fermages ; sous l'influence du mouvement paysan les prix des fermages baissèrent temporairement et les salaires des ouvriers agricoles augmentèrent.

Dans les dix années qui suivirent, période de réaction inouïe, le mouvement paysan s'affaiblit considérablement, et cela pour deux raisons : la lutte de classe dans les villages n'était pas suffisamment aiguë pour que, sous le régime de terreur, des actions révolutionnaires ou des conflits ouverts se produisent ; la politique agraire hypocrite de Stolypine fut aussi une des causes du recul du mouvement[1].

Dans chaque société de classe, ce sont les intérêts des classes dominantes qui déterminent l'ensemble de la politique de l'Etat et, par conséquent, la politique agraire. Dans la Russie tsariste et semi-féodale, l'aristocratie féodale et son alliée, la bourgeoisie, représentaient ces classes dominantes. L'intérêt des féodaux exigeait, d'une part, la défense de la terre contre la ténacité d'une partie de la paysannerie qui la revendiquait et, d'autre part, une main-d'œuvre à bon marché. C'est pourquoi l'aristocratie féodale commença une attaque ouverte contre le « mir », sans cacher son véritable dessein.

C'est ainsi que le baron Pillchau déclara au congrès des aristocrates qu' « il faut commencer la lutte pour l'abolition du « mir », car c'est le foyer de l'idée socialiste », et un autre propriétaire foncier archiréactionnaire, député de la Douma, Markov II, reconnut que « l'anéantissement de la propriété communale paysanne pourra conduire à la dépossession d'une partie des paysans et à une concentration démesurée des terres au

1. Pierre Stolypine fut président du Conseil et le véritable chef de la politique intérieure de la Russie de 1906 à 1911.

profit d'une autre partie ». Il ajouta cyniquement que « ces travailleurs prolétaires (c'est-à-dire les paysans sans terre) sont indispensables pour le développement de l'industrie et de l'agriculture ».

Il est compréhensible que ce point de vue qui traduisait les intérêts des propriétaires fonciers et de la bourgeoisie industrielle trouvât l'approbation complète du gouvernement Stolypine. Un rapport du ministère de l'Intérieur au Conseil des ministres qui se tint le 1er octobre 1906, exprime nettement l'idée que le bien communal paysan empêche les paysans de respecter en général la propriété privée et les décide à demander le partage des terres.

En conséquence, un ukase du 9 novembre 1906 fut promulgué, sans que la Douma eût été consultée, réglant la transition de la terre communale à la propriété privée, qui ébranla le régime du « mir ». D'après ce décret, chaque paysan possédant une part dans la terre communale pouvait demander l'adjonction de cette part à sa propriété. La commune perdait alors tous droits sur ce lot de terre qui devenait propriété exclusive d'une personne.

Mais l'ukase du 9 novembre ne fit que séparer du point de vue formel les paysans du « mir » (*obchtchina*). Cela ne satisfit pas les féodaux qui voulaient une séparation réelle. C'est pourquoi ils insistèrent sur « la nécessité de favoriser la transmission rapide des propriétés communales aux propriétés privées et de transformer les parcelles isolées en grandes fermes ».

Dans ce but, ils proposèrent de modifier la politique de la soi-disant Banque Paysanne, créée par le gouvernement dans l'intérêt de l'aristocratie féodale. Dans le même but, le 15 novembre 1906, un nouveau décret fut adopté, toujours sans consulter la Douma, donnant droit aux paysans d'hypothéquer leurs terres à la fameuse « Banque Paysanne ». Ce décret prévoyait aussi d'autres mesures de même nature.

Tels sont, très brièvement, l'essence et le sens de la soi-disant « réforme de Stolypine ». Cette réforme poursuivait encore un but très important pour la classe dominante : c'est la formation d'une couche solide de bourgeoisie rurale, dite « koulak », aux dépens et pour la dépossession des petites et moyennes économies et pour obtenir la destruction du front unique paysan, qui avait été une arme formidable pendant la révolution paysanne de 1905 dans la lutte contre la dictature des exploiteurs féodaux.

Cette réforme de Stolypine rendit dans une certaine mesure des services au gouvernement des féodaux dans sa lutte contre la paysannerie révolutionnaire, mais, d'autre part, la politique agraire du gouvernement Stolypine et de son successeur, Krivochéine, facilita l'alliance plus étroite des moyens et petits paysans : la lutte ne fut plus dirigée uniquement contre les propriétaires fonciers, mais aussi contre les koulaks qui volaient la terre communale avec la protection gouvernementale. Les paysans ne voulurent pas du « régime agraire de Stolypine » qui donnait les meilleurs champs aux koulaks : ils assommèrent les koulaks et anéantirent leurs propriétés. La police et la troupe accoururent au secours de ces derniers, des bagarres se produisirent au cours desquelles la police et la troupe faisaient usage de leurs armes contre les paysans sans défense. Chaque fois, il y avait de nombreux morts et blessés. Les paysans ne se battaient pas uniquement contre les féodaux et les koulaks, ils luttaient aussi contre le gouvernement et ses représentants, surtout lors du recouvrement des impôts et de la perception des amendes. Ils incendiaient les bâtiments administratifs, et ils refusaient de payer les impôts et amendes.

Pendant la guerre impérialiste, le mouvement agraire subit un affaiblissement passager du fait que les éléments les plus ardents et les plus révolutionnaires étaient mobilisés. Mais très vite, la guerre rallume extraordinairement le radicalisme des paysans : les mobilisations fréquentes, la réquisition du bétail, ainsi que la ruine économique du pays, frappent durement les moyens et petits paysans, et sont les premiers facteurs de la révolution paysanne.

La révolution de 1917 dans les villes est suivie de la révolution paysanne. La vague révolutionnaire déferle et, de mars à septembre, la statistique enregistre 3.500 actions révolutionnaires. En septembre et octobre, le mouvement se renforce encore, mais il n'existe pas de statistique pour cette période. Ce qui différencie ce mouvement de ceux des années précédentes, c'est qu'il est coordonné et porte l'empreinte de l'organisation. Déjà dans les premiers mois de la révolution, se forment des comités de ravitaillement et des comités demandant le partage de la terre. Une lutte énergique est engagée non seulement contre les propriétaires fonciers, mais aussi contre les commerçants et autres exploiteurs de la population rurale et, surtout, contre les koulaks qui s'étaient organisés sous la régime Stolypine. Les biens de ceux-ci sont de nouveau incorporés à la propriété communale.

Même les socialistes-révolutionnaires, le soi-disant parti paysan, sans parler des partis bourgeois-féodaux, mènent une lutte acharnée contre la tentative des paysans de liquider par la voie révolutionnaire la propriété semi-féodale.

Pendant les huit mois d'existence du gouvernement provisoire, rien n'a été fait pour satisfaire les revendications paysannes. Au contraire, toutes les mesures sont prises pour qu'on ne touche pas à la grande propriété agraire, sous le prétexte que la Constituante doit résoudre la question. Mais :

« Pour la guerre impérialiste, dit le Manifeste, les paysans avaient reçu des fusils. La ville, en la personne du prolétariat et de son parti, leur donna un chef, un organisateur, un ami, un allié. Le prolétariat, les ouvriers des villes, se mirent à la tête du mouvement paysan et, sous la direction du prolétariat, l'alliance des ouvriers et des paysans anéantit la classe des propriétaires fonciers, déracina la noblesse au point de ne pas en laisser subsister une seule souche. Tout l'édifice de l'Etat autocratique des propriétaires fonciers s'écroula, avec ses généraux et ses policiers, ses gouverneurs et ses bureaucrates, son tsar et sa noblesse. La terre passa aux paysans. Les Soviets devinrent le Gouvernement dans l'ancien Empire des tsars-propriétaires fonciers. »

Voilà, très brièvement, les étapes franchies par la paysannerie russe pour arriver, en octobre 1917, à la victoire des travailleurs.

III. La paysannerie russe pendant la période de la révolution d'Octobre

1. La politique agraire du Pouvoir soviétique

La révolution démocratico-bourgeoise fit place à la révolution prolétarienne — à la révolution sociale.

Quel avait été le rôle de la révolution démocratico-bourgeoise en Russie ? Il avait consisté dans la destruction des restes du féodalisme, dans l'extinction des castes entre lesquelles la population était divisée, dans la suppression de la propriété foncière, dans l'abolition de l'oppression des nationalités, de l'esclavage des femmes.

La révolution d'Octobre, la révolution sociale, par contre, se donna comme tâche l'édification du nouveau monde, l'organisation du système économique sur de nouvelles bases, l'abolition de l'exploitation.

Mais l'accomplissement de ces tâches aurait été impossible sans l'anéantissement des survivances féodales dans les campagnes, sans la destruction des obstacles qui entravaient le développement de l'agriculture, sans la transmission de la terre à la paysannerie, etc. Bien plus, l'expérience tirée du règne du « gouvernement provisoire », ce gouvernement démocratico-bourgeois, qui dura huit mois, a démontré incontestablement que sans l'accomplissement de la révolution sociale, sans la prise du pouvoir par la classe ouvrière et par la paysannerie, la révolution démocratico-bourgeoise n'aurait pas pu être pratiquement réalisée en Russie, n'aurait pas pu être menée jusqu'au bout.

Seul le pouvoir soviétique des ouvriers et des paysans a pu résoudre une question aussi importante que la question agraire.

Prenant comme point de départ la défense de l'intérêt des travailleurs, s'adaptant aux nécessités historiques et à la situation économique du moment, la politique agraire du pouvoir soviétique parcourut quatre étapes principales :

1. — L'étape de la révolution agraire : de la révolution d'Octobre au milieu de l'année 1918 ;

2. — L'étape appelée communisme de guerre : de la deuxième moitié de l'année 1918 à l'année 1921 ;

3. — L'étape de la nouvelle politique économique : de 1921 à 1924 inclus ;

4. — La nouvelle étape : à partir de l'année 1925, qui a inauguré une ère nouvelle pour l'agriculture.

Dans la période de la révolution agraire, la politique agraire du gouvernement soviétique consistait dans la réalisation des principales revendications de la paysannerie pour le partage de la terre et l'organisation du pouvoir ouvrier et paysan dans les campagnes.

Déjà au lendemain de la révolution d'Octobre, le 26 octobre 1917 (8 novembre nouveau style), le deuxième congrès panrusse des Soviets ouvriers et paysans avait décidé l'abolition complète de la propriété foncière et la remise de la terre aux paysans. Les paysans reçurent d'abord 50 millions de déciatines (la déciatine équivaut à 1,09 hectare) de terres des gros propriétaires, de l'Etat, de la couronne et des monastères. En argent au prix moyen d'avant-guerre, cela représente 6.700.000.000 de roubles or. Ils reçurent ensuite, après le partage, 50 autres millions de déciatines qui constituaient la propriété des koulaks. Les paysans reçurent donc au total 100 millions de déciatines, représentant une somme de 13.400.000.000 de roubles or, au prix moyen d'avant-guerre.

L'année suivante, le 19 février, une deuxième loi concernant la terre fut promulguée, établissant :

1. — « Abolition une fois pour toutes de toute propriété du sol, de ses richesses, des eaux, des forêts et des

forces naturelles sur le territoire des républiques soviétiques fédératives socialistes ;

« 2. — Transmission (sans rachat ouvert ou déguisé), dès aujourd'hui, de la terre — pour exploitation — à l'ensemble de la population travailleuse. »

Quels sont les avantages obtenus par la paysannerie après la nationalisation des terres ?

A la veille de la guerre impérialiste, la propriété privée du sol coûtait annuellement de 600 à 650 millions de roubles aux paysans (paiement des fermages aux propriétaires fonciers et dépenses pour l'achat de terres).

La nationalisation du sol a libéré la paysannerie de ces lourdes charges annuelles.

La nationalisation — ce qu'il faut souligner ici — n'a nullement privé la paysannerie de la terre, au contraire, la surface des terres dont jouissent les paysans travailleurs — nous l'avons dit plus haut — a augmenté.

A l'heure actuelle, 97 % de la totalité des terres labourables sont exploitées par la paysannerie.

Bien plus, c'est précisément la nationalisation qui a mis un terme à la spéculation foncière et a rendu impossible toute concentration des terres entre les mains des couches riches de la population au détriment des cultivateurs producteurs.

C'est justement la nationalisation qui assura à la paysannerie l'exploitation de la terre. Car dans l'U.R.S.S. « seul a droit à l'exploitation de la terre qui la laboure personnellement » — dit le décret.

Soulignons que, grâce au système de partage des terres et à la politique agraire pratiquée par le pouvoir soviétique, un nivellement sensible des forces économiques des exploitations paysannes se poursuit. La conséquence n'en est pas — comme avant la révolution — un accroissement du nombre des familles sans terres ensemencées, mais, au contraire, une diminution considérable du nombre de celles-ci. Dans l'année 1916, par exemple, il y avait 11,4 % d'exploitations non ensemencées et en 1925 seulement 4,2 % (voir diagramme sur la répartition de la terre). On observe la même tendance en ce qui concerne le matériel et le nombre des vaches.

Ce n'est donc pas une aggravation de l'antagonisme de classes, mais au contraire sa liquidation qui s'accomplit dans les campagnes. L'ensemble des économies paysannes montre une tendance vers un développement de la paysannerie moyenne : on constate, d'une part, la diminution du nombre des petits paysans et, de l'autre, la diminution du nombre des gros paysans.

En outre, si le paysan n'a pas suffisamment de machines agricoles, de bêtes de trait et que la main-d'œuvre lui manque passagèrement, il peut affermer son lot pour un certain délai.

Il lui est également permis, en cas de nécessité, d'engager de la main-d'œuvre.

L'abolition de la propriété privée protège — comme on le voit — les petits et moyens paysans contre la ruine et la perte de leurs terres. Cette abolition est incontestablement une des plus importantes conquêtes de la révolution d'Octobre.

Ajoutons encore que le pouvoir soviétique a remis à la paysannerie le cheptel mort et vif venant des biens des grandes propriétés foncières, pour une somme évaluée à 350 millions de roubles or.

Enfin, les paysans ont été exonérés du paiement de dettes représentant un total d'un milliard quatre cents millions de roubles or.

Mais cette première période fut interrompue dans son développement par la guerre civile, qui mit le pouvoir soviétique dans l'obligation de prendre des mesures administratives et d'organisation particulières connues dans l'histoire sous le nom de « communisme de guerre ».

« Séparé de toutes les principales sources de matières indispensables, dit le Manifeste, du charbon du Donetz, du naphte de Bakou, du blé d'Ukraine et de Sibérie, serré dans l'étau des armées blanches, réduit à quelques provinces, nu-pieds et loqueteux, affamé et harassé, le pays soviétique combattait l'invasion contre-révolutionnaire. Rien au monde, ni la famine, ni le froid, ni le typhus, ni les potences ne pouvaient arrêter les ouvriers, ne pouvaient décourager les paysans pauvres.

« Le pouvoir soviétique engagea une contre-attaque impétueuse contre la bourgeoisie, contre les paysans riches, contre les possédants. Réprimant par sa Tchéka les conspirations et les rébellions, se défendant par son armée rouge sur les fronts, il proclama la lutte contre les parasites, les spéculateurs, les paysans riches, les usuriers, les riches. Il créa les comités de paysans pauvres, il appliqua avec rigueur les réquisitions de denrées alimentaires, il fut obligé de confisquer toutes les réserves et tous les excédents, afin de nourrir l'armée et les ouvriers affamés. Les tourments à subir étaient inouïs et innombrables. Sévères étaient les exigences envers chacun... »

Le pays était transformé en un camp et toutes les forces et toutes les ressources étaient utilisées pour terminer victorieusement la bataille, menée sur de nombreux fronts. Ces conditions extraordinaires et exceptionnelles déterminèrent la politique suivie dans la période du « communisme de guerre ».

Les mesures les plus importantes de cette période furent les suivantes :

1. — Application de la réquisition des denrées alimentaires ; imposition de la population rurale ;

2. — Organisation méthodique du ravitaillement de la population (37,5 millions de personnes furent ravitaillées par l'Etat pendant les années 1920-21) ;

3. — Organisation de comités de paysans pauvres (ces comités menèrent une lutte acharnée et victorieuse contre les éléments contre-révolutionnaires, les koulaks à la campagne) ;

4. — Organisation du prolétariat rural ;

5. — Remembrement socialiste et organisation de collectivités économiques et de domaines soviétiques.

Ces mesures de la période du « communisme de guerre » aidèrent à achever victorieusement la guerre civile et donnèrent la possibilité de renforcer les conquêtes de la révolution d'Octobre, mais, d'autre part, elles entravèrent la production agricole : la réquisition de tous les excédents des paysans, l'impossibilité où ils se trouvaient de débiter leurs produits sur le marché, enlevaient aux paysans l'initiative nécessaire pour l'augmentation de la production.

C'est dans cette période de guerre civile acharnée et de réquisition de tous les excédents que la production tombe presque à la moitié de son niveau d'avant-guerre.

Après la fin de la guerre civile, commence la période de la « Nouvelle Politique Economique » : la période du rétablissement de l'agriculture. La politique agraire, dans cette période, avait pour but d'établir des relations régulières économiques entre la ville et la campagne, entre l'agriculture et l'industrie, entre les ouvriers et les paysans. Les mesures pratiques les plus importantes de cette période furent :

1. — Passage du système de réquisition des denrées alimentaires au système des impôts en nature (au début, impôts en nature, et ensuite une partie importante en espèces) ;

2. — Introduction du commerce libre sur le marché intérieur du pays seulement ;

3. — Politique des prix favorisant les paysans pour réduire l'écart des « ciseaux », c'est-à-dire afin de niveler les prix des produits industriels et ceux des produits agricoles ;

4. — Large exécution des travaux de remembrement des terres ;

5. — Encouragement systématique au rétablissement et au développement de l'agriculture par une série de mesures techniques.

Grâce à la nouvelle politique économique, le développement des forces productives de l'agriculture avança rapidement. Les relations économiques entre la ville et la campagne se renforcèrent, car l'augmentation de la production des produits industriels donna la possibilité d'améliorer l'approvisionnement des villages.

Une importance toute particulière revenait alors aux coopératives. A la fin de l'année 1924, les coopératives agricoles comptaient environ 3 millions et demi de membres, c'est-à-dire 13 à 14 % de toutes les économies paysannes. Les collectivités économiques (coopératives agricoles, communes), non seulement ne subirent pas d'arrêt, mais, au contraire, se développèrent continuellement.

Dans la nouvelle période (1925), la politique agraire du pouvoir soviétique est caractérisée par la tendance à révolutionner l'agriculture. Les tâches primordiales sont aujourd'hui :

Réorganisation de la base technique de l'agriculture; machinisation dans la mesure la plus large possible ; achèvement du remembrement des terres ; exécution de travaux d'amélioration sur une large échelle ; électrification ; développement et consolidation des coopératives.

L'industrialisation du pays, appliquée avec vigueur à l'heure actuelle, est étroitement liée à la réalisation de ces tâches.

2. Rétablissement et intensification de l'agriculture

Le paysan russe, illettré, privé de tous droits, arriéré, était considéré par ses frères européens comme un être particulièrement « conservateur ». Ce point de vue, qui était volontiers répandu par les exploiteurs, les hobereaux « éclairés », reposait sur des considérations superficielles. Le paysan était « conservateur » parce qu'il ne pouvait acheter d'outillage agricole perfectionné et, moins encore, de machines. Et s'il « s'obstinait » à conserver le système des jachères, la raison en était que le système communal d'exploitation en usage ne lui permettait pas d'employer d'autres méthodes.

Nous voyons aujourd'hui qu'après l'abolition du régime tsariste, après l'introduction de la nouvelle législation agraire, après le développement des coopératives, le paysan accueille volontiers les mesures du gouvernement ouvrier et paysan tendant à transformer l'économie paysanne sur des bases nouvelles et perfectionnées et le village soviétique perd très rapidement son aspect « conservateur ». La nouvelle politique économique, dont la tâche principale fut le rétablissement et l'intensification de l'agriculture, n'est appliquée que depuis six ans ; si nous soustrayons de ces six ans deux ans de sécheresse et de famine, nous voyons que le village n'a, en réalité, commencé à rétablir son économie que depuis 1923-24 seulement : c'est-à-dire il y a quatre ans.

Quels résultats pouvons-nous constater après cette courte période ?

Prenons la superficie cultivée :

Dans ce domaine, nous pouvons constater un accroissement assez rapide. Tandis que la superficie cultivée représentait en 1921, 63 % seulement de la superficie d'avant-guerre, elle atteignait déjà en 1924, 84 % et en 1927, 97 % du niveau d'avant-guerre. Et n'oublions pas que le paysan d'aujourd'hui ne laboure pas seulement l'ensemble des terres qu'il possédait avant la révolution d'Octobre, mais aussi la terre des gros propriétaires fonciers, celle des gros paysans. Par conséquent, la paysannerie a déjà dépassé le niveau d'avant-guerre, en dépit de tant de conditions défavorables : manque de bêtes de trait[1], matériel usagé, etc.

Comment expliquer ce rapide rétablissement de l'agriculture ?

Tout d'abord par le fait que la paysannerie, qui a reçu la terre — grâce à la révolution — et qui a été aussi exonérée du paiement des charges insupportables que représentaient des dettes et des impôts accablants (voir les diagrammes), a eu la possibilité d'employer toutes ses ressources au rétablissement de son économie.

Le relèvement de l'agriculture et, par conséquent, l'extension de superficie furent aussi favorisés d'une façon importante par la suppression des redevances qui grevaient lourdement l'économie paysanne avant la révolution d'Octobre (fermages aux gros propriétaires fonciers, paiements aux banques pour dettes hypothécaires et paiements d'amendes innombrables, sans parler de maintes prestations de travail aux junkers en échange de pâturages, d'abreuvoirs, etc.).

Grâce à cette politique, la paysannerie put économiser annuellement 1.400 millions de roubles or et utiliser cette somme pour l'agriculture.

1. Il y avait à cette époque 35,5 millions de chevaux et, en 1927, seulement 29 millions.

La révolution d'Octobre a libéré également la paysannerie des dettes intérieures et extérieures. 9 milliards 100 millions de roubles or de dettes extérieures d'Etat et 12 milliards 90 millions de roubles or de dettes intérieures d'Etat, telles sont les sommes que les paysans auraient dû payer.

Le fait que l'agriculture [1] est maintenant financée directement par l'Etat et par la Banque Agricole Paysanne, fondée avec des fonds d'Etat, joue également un rôle important dans la reconstruction rapide de l'agriculture.

De 1923-1924, époque du début effectif de la reconstruction de l'agriculture, jusqu'à 1927, la somme d'un milliard 348 millions de roubles or fut affectée à cet effet. La somme consacrée annuellement augmente continuellement : dans l'année 1923-1924, 111 millions de roubles et dans l'année 1926-1927, 573 millions, c'est-à-dire, elle a plus que quintuplé.

L'approvisionnement des couches paysannes travailleuses en semences d'Etat joua incontestablement un grand rôle dans l'extension de la superficie cultivée.

Sous le règne des tsars, après des périodes de sécheresse — alors que les paysans pauvres étaient obligés de vendre à des prix dérisoires leurs bêtes de trait, de manger leur dernière vache et même leurs dernières semences — c'est avec ses propres forces que le village devait rétablir son économie. Les petits paysans et même les paysans moyens tombaient pour de longues années sous la dépendance des paysans usuriers, des koulaks, qui fournissaient aux victimes de la mauvaise récolte des semences et des bêtes de trait à des conditions draconiennes.

Le pouvoir soviétique, par contre, organisa l'approvisionnement méthodique des régions éprouvées en semences et bêtes de trait.

C'est ainsi que la paysannerie a reçu, pendant les années de 1919 à 1926, sans intérêts, des crédits de semences se montant à plus de 200 millions de pouds (environ 3.300.000 tonnes). De plus, les pauvres furent exemptés du paiement d'une part considérable de leurs dettes en semences envers l'Etat. C'est ainsi que, seulement pour l'année 1924-1925, le paiement de 12 millions de pouds (1.694.000 tonnes) fut annulé.

C'est naturellement la petite paysannerie qui reçut la majeure partie des crédits en semences (environ 65 %), le reste, 35 %, alla à la paysannerie moyenne.

Au commencement de l'année économique 1925-1926, le manque de semences fut presque liquidé. Depuis, des

1. En Russie, on emploie l'expression : économie paysanne.

crédits de cette nature ne furent accordés qu'aux régions éprouvées par des catastrophes et où l'agriculture se relevait lentement.

Ensuite, le pouvoir soviétique reporta toute son attention sur l'amélioration qualitative des semences. Dans ce but, on procéda à l'organisation de la production en masse des semences de qualité supérieure dans les exploitations soviétiques.

En favorisant les coopératives pour la culture des semences, le gouvernement sut inviter la paysannerie à y collaborer. Des stations d'expérimentation furent créées qui produisent des semences dont la qualité est supérieure à celle des semences étrangères. De plus, un fonds d'Etat de semences de qualité supérieure a été créé qui est utilisé pour l'ensemencement de vastes étendues afin d'éviter tout contact avec les semences de qualité inférieure. Cette activité se développe assez rapidement: ainsi il a été distribué aux paysans, dans l'année 1925-1926, 38.000 tonnes de semences de qualité supérieure, et, dans l'année 1926-1927, cette quantité s'est élevée à 70.000 tonnes.

La période prérévolutionnaire a légué une grande confusion dans la démarcation des champs et a été un grand obstacle pour le développement agraire.

Les champs non contigus appartenant à des communes isolées ou aux habitants de ces communes, les terres trop éloignées des différents champs, prairies, etc., les voies et irrigations irrégulières et insuffisantes, tels sont les principaux défauts du système de démarcation des champs.

Le pouvoir soviétique, dans son effort pour l'intensification et pour la reconstruction rationnelle de l'agriculture, attribuait une grande importance à l'amélioration du système de démarcation des champs, mais les modestes moyens dont disposait l'Etat et le nombre infime de spécialistes qualifiés n'ont pas permis, dans ce domaine, un progrès aussi rapide que le nécessitait l'importance des travaux. Néanmoins, des travaux de remembrement ont été entrepris pour l'année 1927 sur la superficie immense de 141 millions d'hectares ainsi que l'organisation rationnelle de l'exploitation de chaque famille paysanne (démembrement des grands villages, élargissement des parcelles, introduction d'assolements perfectionnés, établissement de fermes ayant des champs contigus et à proximité, organisation de l'approvisionnement d'eau, amélioration des voies) sur une superficie de 41,5 millions d'hectares (voir les diagrammes). Grâce à ce travail, les déplacements annuels pour l'exécution du travail agricole calculés en kilomètres ont été réduits d'un quart, ce qui a permis une meilleure utilisation des bêtes de trait. Par le retranchement des jachères, des lisières, etc., la superficie de terrain cultivable a augmenté. Les mauvaises herbes ont été presque partout arrachées.

Il faut remarquer que le remembrement, comme, de façon générale, toutes les mesures agricoles du Gouvernement soviétique, sert en premier lieu l'intérêt de la petite et moyenne paysannerie. Le remembrement des économies paysannes faibles est fait aux frais de l'Etat.

Les mesures d'amélioration prises par le pouvoir soviétique : construction et réparation des canaux, des digues, des écluses, des ponts, assèchement des terrains marécageux, travaux d'irrigation, etc., sont étroitement liées aux travaux de remembrement. Les travaux d'amélioration progressent rapidement : si dans le seul exercice 1923-1924 — les premières années de rétablissement économique — 14 millions de roubles furent dépensés, dans l'année 1926-1927, il fut déjà dépensé plus de 58 millions de roubles, c'est-à-dire la dépense a plus que quadruplé (voir les diagrammes). Naturellement, l'allure des différents travaux varie suivant leur importance.

Les mesures agraires du pouvoir soviétique ont provoqué une véritable révolution dans les méthodes de culture. D'après les statistiques du Bureau de la Commission du Plan d'Etat (Gosplan), le pourcentage de la superficie cultivée avec assolements perfectionnés, représentait en R.S.F.S.R., dans l'année 1923-1924, seulement 3,2 % de la totalité de la superficie cultivée. Dans l'année 1924-1925, ce pourcentage s'est élevé à 6,3 % et dans l'année 1925-1926, à 8 %. En Ukraine, il s'est élevé, pour l'année 1925-1926, à 9,5 %. Nous n'avons pas encore de statistiques pour l'année 1927 ; cependant, nous pouvons affirmer que le pourcentage est certainement plus élevé.

Certes, nous ne sommes qu'au début, mais dans différentes régions, les chiffres sont déjà satisfaisants. C'est ainsi que dans la région nord-ouest, pour l'année 1925-26, le pourcentage de la superficie cultivée avec assolements perfectionnés, représentait 12,8 % de l'ensemble des terres cultivées. Dans la région de Moscou, 75 % environ de tous les villages cultivant les plantes fourragères sont passés au système des assolements multiples.

Les mesures du gouvernement pour intensifier la reconstruction de l'agriculture, le développement rapide de l'industrie, l'essor du pays et surtout des villes industrielles, l'élargissement des relations commerciales avec l'étranger, n'ont pas seulement contribué à accélérer la progression de la superficie cultivée en général, mais aussi celle des différentes cultures. Ainsi l'importante demande de froment a provoqué une augmentation rapide de la superficie de cette culture : tandis que de 1923 à 1925 l'ensemble de la superficie des cultures de céréales a augmenté de 10,5 %, la superficie de culture du froment s'accroîtra encore plus au détriment du seigle, de l'orge, etc., exception faite éventuellement pour le maïs.

La même tendance d'accroissement peut être également observée pour les cultures industrielles, telles que le lin, le coton, le chanvre, la betterave, le tournesol, etc. Certes, les données statistiques pour le tournesol, le lin et le chanvre montrent une certaine diminution de ces cultures pour l'année 1926, mais elle est certainement d'un caractère passager et s'explique par les bas prix primitivement fixés au moment des ensemencements. Or, la situation actuelle dans le commerce extérieur et intérieur a donné la possibilité de modifier rapidement la politique des prix en faveur de ces cultures et, déjà maintenant, on peut observer une tendance à l'accroissement. Les chiffres suivants donnent une caractéristique du développement de la superficie des cultures industrielles (voir aussi les diagrammes) :

La production de la culture du tournesol a atteint en 1925, le double de celle d'avant-guerre : 230 % en comparaison de la production de 1913. La production de la culture du chanvre a dépassé le niveau d'avant-guerre et a atteint en 1926, 108,5 % par rapport à celle de 1913. La culture du lin se développe bien également, sa production a atteint en 1927, 94,5 % du niveau d'avant-guerre.

La culture du coton est également satisfaisante : sa production a atteint en 1927, 115 % en comparaison de celle de 1913. Et n'oublions pas que, pendant ce laps de temps écoulé entre les années 1922 et 1927, la superficie pour la culture du coton a augmenté de 11,5 fois.

Très rapidement aussi se développe la culture de la betterave dont la superficie, en 1923, n'était que de 42 % du niveau d'avant-guerre et s'élève en 1927 à 107 %.

Cette rapide progression de la superficie des cultures industrielles s'explique par le fait que l'industrie de transformation des matières premières agricoles a été rétablie plus rapidement que les autres branches industrielles et aussi parce qu'une bonne politique des prix a été faite en faveur des producteurs de matières premières.

L'élevage a déjà presque atteint le niveau d'avant-guerre et, pour différentes espèces de bétail, ce niveau est même dépassé, quoique le rétablissement dans ce domaine n'ait commencé qu'en 1923/1924.

En le convertissant en gros bétail, le nombre des têtes

de bétail était, en 1916, de 84,3 millions (100 %) et en 1927 de 82,8 millions, c'est-à-dire 98 % du chiffre de 1916.

Le rétablissement de l'élevage du bétail dans les différentes espèces est caractérisé par les chiffres suivants :

En 1927, le nombre des chevaux est de 81,6 % par rapport à celui de l'année 1916 (en 1923 65,6 % seulement). Le nombre des bêtes à cornes est de 109,5 % (en 1923, 83,8 %). Le nombre de moutons et chèvres, 103,8 % (en 1923 70 %). Le nombre des porcs, 106,8 % (en 1923, 51,7 %).

De son côté, le pouvoir soviétique a fait tout son possible pour faciliter le rétablissement de l'élevage ; il a fourni des semences pour la culture des plantes fourragères, popularisé les avantages de la culture des pommes de terre, des raves et des choux, de l'élevage du menu bétail, d'un meilleur entretien du bétail, etc. Enfin il a diminué les impôts sur le bétail.

Très important est le fait que la production agricole jetée sur le marché s'accroît plus rapidement que la production brute (voir diagrammes).

Si nous prenons la culture des champs, des prairies et des jardins, nous obtenons le tableau suivant :

Tandis que la production brute de l'année 1926-1927 s'élevait à 108,2 % comparativement à l'année précédente, la partie jetée sur le marché représentait 117,5 %.

On obtient le même tableau en ce qui concerne l'élevage du bétail :

Pendant l'exercice 1926-1927, la production brute représentait 104,9 % de celle de l'exercice précédent, tandis que la partie jetée sur le marché était de 111,9 %.

Mais, d'une façon générale, le pourcentage des produits agricoles jetés sur le marché n'a pas encore atteint le niveau d'avant-guerre, conséquence inévitable de la révolution d'Octobre.

Sous le régime tsariste, plus le trafic des marchandises progressait, plus la misère des masses paysannes s'accentuait, car elles étaient forcées de vendre les produits nécessaires à leur subsistance pour payer les impôts écrasants.

En Russie soviétique, par contre, le développement du trafic des produits agricoles contribue à améliorer le bien-être et le niveau de vie des masses paysannes, à resserrer les liens entre la ville et la campagne, à industrialiser le pays, et non pas à augmenter les impôts. Les chiffres suivants peuvent nous en donner une idée :

Dans la période d'avant-guerre (1912), il tombait annuellement 6,36 roubles d'impôts de toutes sortes par tête de population agricole, tandis que le paysan soviétique paie annuellement (en roubles d'avant-guerre) 2,98 roubles seulement, c'est-à-dire moins de la moitié.

Quoique ces chiffres soient déjà suffisamment édifiants, nous devons encore ajouter qu'ils sont pris en moyenne et ne peuvent pas donner un tableau exact.

Pour avoir un tableau exact, il faut tenir compte du caractère de classe de la politique fiscale du gouvernement soviétique. Ce caractère de classe ressort également des impositions concernant les différentes couches de la population agricole ainsi que le démontrent les chiffres suivants :

Petits paysans (25 % de tous les paysans sont totalement exonérés) ;

Paysans moyens (60 % de tous les paysans paient 53 % de la totalité des impôts agricoles) ;

La couche supérieure (15 % de toute la paysannerie — y compris 3,7 % de gros paysans (koulaks) — paye 47 % de la somme totale des contributions de l'agriculture.

3. L'industrialisation du pays et la reconstruction dans l'agriculture

L'industrialisation du pays entreprise par le pouvoir soviétique est étroitement liée à la reconstruction de l'agriculture en U.R.S.S. et, par conséquent, à l'intérêt de la paysannerie soviétique.

La grande pénurie de bêtes de trait dans l'agriculture, provoquée par la réquisition des chevaux pendant les années de la guerre et leur mortalité pendant les années de mauvaise récolte, ont mis le gouvernement soviétique dans la nécessité de fournir des chevaux aux régions éprouvées. A cet effet, 200.000 chevaux sont fournis annuellement.

D'autre part, le processus de reconstruction de l'agriculture (travail de remembrement dans le sens le plus large du mot, introduction de méthodes perfectionnées de culture) a mis au premier plan la mécanisation (emploi de la traction mécanique) et la machinisation de l'agriculture, c'est-à-dire le remplacement des moyens primitifs par des machines et outillages perfectionnés.

L'approvisionnement des économies paysannes en tracteurs, procédé inconnu avant la révolution, s'est développé assez rapidement. En 1923-1924, le nombre de tracteurs utilisé n'était que de 1.000, ce nombre a passé à 27.677 pour l'année 1927 ; ces tracteurs ont été employés dans les économies paysannes et exploitations soviétiques.

Le processus de la progression de l'approvisionnement en machines agricoles et outillage perfectionné est exprimé par les chiffres suivants :

En 1913, la valeur des machines introduites dans l'agriculture était de	92.820.000 roubles
En 1922, la valeur des machines introduites dans l'agriculture était de	8.500.000 roubles
En 1923-1924, la valeur des machines introduites dans l'agriculture était de	25.200.000 roubles
En 1926-1927, la valeur des machines introduites dans l'agriculture était de	136.500.000 roubles

(Voir les diagrammes)

Pour compléter le tableau, il faut encore noter que, sous le régime tsariste, c'étaient principalement les gros propriétaires fonciers et les capitalistes qui pouvaient satisfaire leurs besoins en machines agricoles et outillage perfectionné. Par contre, sous le régime soviétique, ce sont presque exclusivement les économies paysannes qui sont approvisionnées en machines (n'oublions pas que les paysans possèdent 97 % de l'ensemble de la superficie cultivable). Les normes d'avant-guerre sont donc déjà dépassées. L'intensification et la reconstruction futures de l'économie nationale en général, et celle de l'agriculture en particulier, dépendent de l'industrialisation du pays, d'une collaboration étroite entre l'industrie et l'agriculture, les deux plus importantes branches de l'économie nationale. D'autre part, le développement futur de l'industrie dépend d'un approvisionnement ininterrompu en matières premières agricoles. De son côté, le développement et la reconstruction de l'agriculture sur de nouvelles bases et, par conséquent la prospérité et le bien-être des masses paysannes dépendent du développement et de la prospérité de l'industrie. C'est ainsi que l'U.R.S.S. se rendra indépendante du marché extérieur.

L'approvisionnement du pays en métal est une des plus importantes questions dans ce domaine ; c'est pourquoi on construit maintenant des usines métallurgiques géantes. A l'heure actuelle, on construit également des usines pour la fabrication de machines agricoles et de tracteurs afin de satisfaire les besoins de la paysannerie (à Stalingrad, par ex., pour 10.000 tracteurs par an).

Un grand nombre d'usines ont été également construites pour l'industrie de transformation des matières premières agricoles (lin, laine, coton).

Des sucreries et des tanneries sont déjà construites. L'industrie de la minoterie se développe également : de nouveaux moulins, des élévateurs et des installations frigorifiques sont construits Tout cela facilite la livraison, la transformation et la conservation des céréales, de la viande, des œufs, du beurre et autres produits alimentaires.

Comme nous le voyons, la rationalisation de l'économie paysanne s'accomplit au moyen de la machinisation et de la bonne application du remembrement. La prochaine mesure importante dans ce domaine sera l'utilisation des engrais chimiques dans les économies paysannes qui, jusqu'à maintenant, n'emploient presque exclusivement que du fumier pour engraisser leurs champs. A cet effet, le Conseil Suprême de l'Economie nationale a entrepris la construction de fabriques d'engrais artificiels.

L'électrification qui avance à pas de géant est d'une grande importance pour la rationalisation future des économies paysannes et pour la diminution des produits industriels destinés surtout à l'immense marché rural de l'U.R.S.S. (les paysans représentent 83 % de la population du pays).

Pour la construction de stations électriques, 285 millions de roubles ont été affectés en 1927.

Les fabriques fournissant aux paysans des moteurs à faible puissance et à bon marché, jouent également un rôle important.

Cette combinaison des petits moteurs à faible puissance et de la force motrice à bon marché avec de petites stations électriques donne, d'une part, la possibilité de vulgariser et d'intensifier les méthodes de rationalisation de l'agriculture et de favoriser, d'autre part, l'établissement de l'industrie domestique.

Les sommes dépensées pour l'électrification dans l'agriculture augmentent constamment. Dans l'année 1923-1924, 750.000 roubles ; en 1926-1927, 7.840.000 roubles, c'est-à-dire dix fois plus.

Le nombre de stations électriques construites dans la campagne s'accroît également (voir les diagrammes). En 1917, il y eut 103 stations construites, distribuant 6.633 kilowatts, et en décembre 1926, 446 stations avec 20.000 kilowatts. Le nombre des stations a donc quadruplé et la distribution plus que quintuplé (5,5).

4. La coopération agricole dans le système économique des Soviets

La cooperation sous toutes ses formes jouit de l'appui du pouvoir soviétique et de la population. Il n'est pas exagéré de dire que jamais et nulle part dans le monde entier, la coopération ne s'est développée comme dans l'U.R.S.S. et que son importance dans l'économie nationale n'a jamais été aussi grande qu'en Russie soviétique. Cela se comprend facilement si on considère la position prise par le gouvernement soviétique depuis le premier jour de son existence concernant les voies et les méthodes pour la création de la nouvelle société.

Déjà à la veille de la révolution d'Octobre, le deuxième congrès des Soviets a déclaré :

« Le travail créateur des masses : voilà le facteur essentiel de la nouvelle société... Le socialisme ne peut pas s'édifier par des ordres venus d'en haut, le mécanisme bureaucratique officiel lui est complètement étranger. Le socialisme vivant est l'image du peuple lui-même. »

Voilà pourquoi en U.R.S.S. les coopératives sont considérées comme un moyen conduisant directement au socialisme.

Il faut remarquer que, seulement dans les conditions existant en Russie Soviétique, les coopératives en général et parmi elles, les coopératives agricoles peuvent nous mener au socialisme.

Pourquoi ?

Parce que, sous le régime capitaliste, toutes les variétés de coopératives paysannes tombent inévitablement sous l'influence de l'économie capitaliste. Les transports, les chemins de fer, l'industrie puissante, le système de crédit dirigé par les banques, etc., toutes les forces économiques se trouvent entre les mains des capitalistes privés ou de l'Etat bourgeois et leur influence sur l'agriculture est décisive. Dans le village même, ces forces économiques sont la propriété de quelques tout-puissants propriétaires fonciers et capitalistes ; même la direction des coopératives paysannes se trouve entre les mains des partisans fidèles des capitalistes et des junkers. Dans ces conditions, la coopération sous toutes ses formes tombe inévitablement sous la dépendance économique et aussi politique des capitalistes et gros propriétaires fonciers.

Par contre, en régime soviétique, le développement coopératif est déterminé par le fait que toutes les forces de production sont entre les mains de l'Etat ouvrier et paysan. La coopération n'est qu'une partie importante du système économique des Soviets et est complètement sous l'influence de la population. Voilà ce qui explique le grand intérêt et l'encouragement dont jouit la coopération auprès de l'Etat soviétique et son grand développement dans les quelques années de son existence.

Concrètement, l'importance générale de la coopération dans le système économique des Soviets et sa rapide progression sont déterminées par son rôle dans la circulation des marchandises de l'U.R.S.S. (voir diagrammes).

Tandis que pour l'exercice 1923-1924 la part de la coopération dans la circulation des marchandises du pays était de 28 % seulement (la part des organisations d'Etat était de 31 % et celle des entreprises du capitalisme privé, de 41 %), pour l'exercice 1925-1926 la part de la coopération s'est élevée à 42 % (34 % celle des organisations d'Etat et 24 % celle des entreprises du capitalisme privé).

En ce qui concerne la coopération agricole, son développement expansif est caractérisé par le fait que le chiffre d'affaires de toutes les coopératives agricoles a triplé pour l'exercice 1925-1926 comparativement à l'exercice 1923-1924.

Le nombre des coopératives agricoles a augmenté proportionnellement à l'augmentation rapide du chiffre d'affaires. C'est ainsi qu'en 1923-1924, il existait 55.000 coopératives environ et déjà en 1927 on en comptait 100.000, c'est-à-dire, un chiffre à peu près doublé; et plus que triplé depuis 1914 (3,3).

Plus rapide fut encore l'augmentation des effectifs. Ainsi en 1927, les coopératives agricoles englobaient 7.700.000 membres, c'est-à-dire 36 % de toutes les économies paysannes, tandis que dans les coopératives de consommation, le nombre des adhérents était de 7.807.000, c'est-à-dire 36,5 %.

L'accroissement du nombre des coopératives de production a été moins rapide. Leurs effectifs englobent 1/2 million de familles paysannes, c'est-à-dire 2,5 %.

Certes, les pourcentages indiqués plus haut, nous donnant la participation des économies paysannes dans les différentes formes de coopération ne peuvent pas être additionnés, car assez souvent, la même famille paysanne fait partie des trois formes de coopération ; néanmoins, il ne fait aucun doute que plus de la moitié des économies paysannes de l'U.R.S.S. participe au mouvement coopératif. Dans un laps de temps de trois ans environ : d'octobre 1923 à janvier 1927, les effectifs des coopératives paysannes sont passés de 4,7 millions à 16 millions, c'est-à-dire 3,5 fois plus.

Le gouvernement tsariste n'avait qu'un but : remplir les caisses de l'Etat, le bien-être de la paysannerie ne l'intéressait pas, c'est pourquoi il ne favorisait aucune forme de coopération, sauf celle de crédit. Avant la guerre il existait 13.000 coopératives agricoles de crédit. Les autres formes de coopération étaient beaucoup moins développées.

Il est compréhensible que sous le pouvoir soviétique le développement de la coopération en général et celui de la coopération paysanne en particulier ait suivi d'autres voies qu'avant la guerre.

Dans la période du communisme de guerre (quand les travailleurs de l'U.R.S.S. n'avaient qu'une seule grande tâche, celle de défendre les conquêtes de la révolution d'Octobre) les coopératives n'étaient en somme que des annexes du Commissariat du Ravitaillement. Chaque paysan et chaque ouvrier était attaché automatiquement à une coopérative (de répartition). A la fin de cette période, 37,5 millions de personnes étaient ravitaillées par l'Etat. La coopération, au vrai sens du mot, n'existait pas encore à cette époque.

La guerre civile terminée, quand vint la période de la nouvelle politique économique, quand le mot d'ordre de Lénine : « Apprenons à faire le commerce » fut mis au premier plan, le pouvoir soviétique commença la création de coopératives de consommation sur une vaste échelle. Au début de 1927, le nombre des coopératives de consommation avait presque doublé comparativement à l'année 1923 et presque triplé par rapport à l'année 1914, elles possédaient 27.100 magasins. Le nombre de leurs effectifs a augmenté de 3,4 fois par comparaison à l'année 1923 et plus de sept fois comparativement à l'année 1914 : elles englobaient 7,8 millions de membres (voir diagrammes).

Ce n'est que lorsque l'intensification de la production agraire fut mise à l'ordre du jour que la paysannerie recommença la culture des matières premières industrielles, et quand celle-ci commença à progresser une activité particulière fut déployée par les coopératives agricoles.

En 1924, après la stabilisation définitive de la monnaie, la tâche la plus importante était la lutte pour les différentes formes de coopération agricole et pour le renforcement économique des petits et moyens paysans, contre les koulaks. D'où la nécessité pour l'Etat de créer la Banque Agricole Centrale et les coopératives agricoles de crédit. Le nombre des coopératives agricoles de crédit (nous ne comptons que celles liées à la Banque Agricole) atteint bientôt 10.300 et leur effectif 3.700.000. Au début de l'année 1927, le nombre des coopératives de crédit diminua quelque peu, par contre le nombre de leurs effectifs augmenta considérablement (11,5 %). La diminution du nombre des organisations est due à la rationalisation du système de crédit et des banques, dont la conséquence a été la fusion des petites coopératives.

Il faut reconnaître que les crédits, vu leur modicité à l'heure actuelle, ne peuvent pas être une aide importante pour les petits paysans isolés. Et puisque le pouvoir soviétique ne bâtit pas sa politique de crédit sur des raisons philanthropiques, il continuera de favoriser la petite et moyenne paysannerie organisée en coopératives.

Le pouvoir soviétique est d'avis que la coopération n'améliore pas seulement la situation économique de la petite et moyenne paysannerie, mais qu'elle est aussi le meilleur moyen de l'arracher à l'influence des gros paysans. Depuis 1923-1924, début de la période de reconstruction de l'agriculture et du rétablissement monétaire, jusqu'à 1926-1927, c'est-à-dire pendant quatre années, les petites institutions de crédit ont reçu de la Banque Agricole Centrale la somme globale de 662 millions de roubles.

Le mouvement progressif des avances financières accordées aux coopératives de crédit est caractérisé par les chiffres suivants :

Dans l'exercice 1923-1924, elles reçurent 37.000.000 de roubles et, dans l'exercice 1926-1927, 352.000.000 de roubles, soit une augmentation de 9,5.

Les diagrammes correspondants nous montrent de quelle façon étaient réparties les avances financières parmi les différentes couches de la population paysanne sous le régime tsariste et comment elles le sont sous le régime soviétique.

En ce qui concerne l'affectation des avances faites par les coopératives agricoles, nous voyons que, contrairement au régime tsariste, le gouvernement soviétique n'accorde aucun crédit pour l'achat de terres, pour les fermages, pour financer les petits commerçants, tandis qu'en 1913, ces crédits plutôt néfastes pour l'agriculture représentaient 26,1 % des crédits agricoles et 6,6 % de la totalité des crédits accordés. 44 % de la totalité des crédits étaient employés en 1913 à des buts improductifs, mais il n'y avait aucun crédit pour les travaux de remembrement, pour l'amélioration et pour l'industrie agricole. Par contre aujourd'hui, les avances ne sont faites que dans des buts productifs; cela contribue énormément au développement de l'agriculture, mais d'autre part, cela révèle également la faiblesse de la coopération agricole de crédit. Les dépôts dans les coopératives agricoles ne représentent que 7 % des dépôts d'avant-guerre, somme vraiment minime. Jusqu'à maintenant les paysans ont mis presque tout leur argent dans la production et dans l'achat d'articles de consommation; maintenant que l'agriculture a de nouveau atteint le niveau d'avant-guerre et que les articles industriels deviennent meilleur marché, les paysans pourront placer leur argent dans les coopératives de crédit et caisses d'épargne.

Les exploitations collectives jouent un grand rôle dans la lutte pour la meilleure forme de coopératives en U.R.S.S. (voir diagrammes). Il existe trois types de coopération :

1. — Des communes dans lesquelles, non seulement toute la production, mais aussi toute la consommation, est collective;

2. — Des coopératives de production dans lesquelles la production seule est collective, et non pas la consommation, c'est-à-dire que l'exploitation est collective, mais chaque membre a son économie domestique propre;

3. — Des coopératives pour le labourage de la terre en commun dans lesquelles, seule une partie de la production est faite collectivement, c'est-à-dire que les champs sont labourés ensemble, mais tous les autres travaux se font individuellement.

Le système de production collective est une forme supérieure à la production privée. Les exploitations collectives sont, en général, mieux pourvues de machines et de bêtes de trait. Le rendement du travail est de beaucoup supérieur. Tandis qu'en Sibérie, le rendement d'un ouvrier agricole est de 2,7 déciatines de surface emblavée, celui d'un ouvrier dans les exploitations collectives est de 5,5 déciatines. Les exploitations collectives emploient des méthodes scientifiques et plus rationnelles que le paysan isolé; c'est pourquoi dans ces exploitations le rendement des récoltes est beaucoup plus grand. Ainsi dans les exploitations collectives, la récolte de froment par déciatine est de 85 pouds; dans les exploitations privées par contre, elle n'est que de 40 à 45 pouds. Dans les exploitations entièrement collectives, presque partout, il existe des ateliers divers, des écoles, etc.

Enfin — et cela est d'une importance considérable — il y a dans les différentes exploitations entièrement collectives des réfectoires communs, des blanchisseries communes, etc. Ces installations affranchissent dans une large mesure la paysanne de l'esclavage domestique.

Le type modèle de la coopération collective n'est pas encore suffisamment développé. Le système de répartition des revenus brut et net et le rapport entre les membres des exploitations collectives sont encore assez confus et varient suivant les cas. Mais ces exploitations collectives ont déjà démontré leur vitalité comme formes agricoles supérieures. Dans un laps de temps de trois ans, le nombre des exploitations collectives a augmenté de 12 % et a atteint au début de 1927, 20.000.

Actuellement, les exploitations collectives sont surtout les formes coopératives préférées par la petite paysannerie. Mais quand elles se renforceront et qu'elles pourront assurer un niveau de vie plus élevé à leurs membres, les paysans moyens y viendront également.

Il ne faut pas oublier que la machine pénètre de plus en plus dans l'agriculture et que, seules, les grandes exploitations pourront avantageusement l'utiliser. Or, en Russie Soviétique, les seules formes possibles de grandes entreprises agricoles sont les exploitations soviétiques et les exploitations collectives.

En ce qui concerne les coopératives d'artisanat (petites industries et sylviculture), elles n'ont d'importance que dans les régions où l'agriculture ne peut pas nourrir la famille paysanne, ce qui contraint le paysan à s'employer comme bûcheron ou à faire un travail d'artisan. C'est pourquoi, comparativement aux coopératives agricoles, le nombre des coopératives d'artisans et de leurs membres n'est pas particulièrement élevé. Mais, là aussi, un accroissement peut être constaté : en trois ans, du début de l'année 1924 à l'année 1927, le nombre des organisations a augmenté de 14,5 % comparativement à octobre 1923, et 17,5 fois par rapport à l'année 1914. Dans la même proportion a augmenté le nombre de leurs membres.

L'importance formidable des coopératives agricoles dans l'ensemble du système de l'économie soviétique est très clairement exprimée par les chiffres concernant la part qui lui revient dans le rassemblement systématique des produits agricoles, dans l'approvisionnement de l'industrie d'Etat et, enfin, dans l'exportation des produits agricoles (voir diagrammes).

L'étendue et l'allure du rassemblement systématique des produits agricoles par les coopératives agraires sont clairement exprimées par les chiffres suivants :

Dans l'exercice 1924-1925, les achats coopératifs de beurre, lin, betterave à sucre, coton et céréales ont donné, dans le même ordre : 45 %, 21 %, 45 %, 59 % et 22 % de l'ensemble des achats de ces produits.

Or, le pourcentage pour l'exercice 1926-1927 a, d'après les données provisoires, déjà dépassé les années précédentes et donne dans le même ordre respectivement : 65 %, 36 %, 90 %, 89 % et 31 %, par conséquent une augmentation de 20 %, 15 %, 45 %, 30 % et 9 % en deux ans.

L'état et le processus de développement des livraisons de matières premières pour l'industrie d'Etat sont exprimés par les chiffres suivants :

Pour le tabac, la semence de ricin, le lin, le coton et la laine, les livraisons des coopératives furent respectivement pour l'exercice 1925-1926, de 50 %, 60 %, 21 %, 77 % et 45 %; l'exercice 1926-1927, par contre, accuse déjà 69 %, 100 %, 27 %, 89 % et 55 %.

En somme l'industrie d'Etat — et en Russie soviétique cela représente l'ensemble de la grande industrie — reçoit plus de la moitié de ses matières premières des coopératives agricoles.

Des chiffres semblables caractérisent l'importance considérable des coopératives agricoles dans l'exportation des produits agricoles. C'est ainsi que la part des coopératives dans l'exportation du lin, du beurre, des œufs et des céréales fut, pour l'exercice 1924-1925, respectivement : 25 %, 47 %, 24 % et 7,8 %; dans l'exercice 1926-1927, par contre, nous voyons, d'après les données provisoires, déjà 45 %, 65 %, 48 % et 27 %.

Mais l'important n'est pas seulement l'augmentation considérable de la part prise par les coopératives agricoles dans l'ensemble du système économique du pays ; ce qui est décisif, c'est la question : dans quelles mains se trouvent les coopératives agricoles ?

Les chiffres ci-dessous donnent l'état de fortune des membres des Conseils d'administration des coopératives de base :

Ne possédant pas de bêtes de trait..	24 %
Possédant une bête de trait	48,7 %
Possédant 2 bêtes de trait	19,3 %
Possédant 3 bêtes de trait et plus.	7,2 %
Total..........	100 %

Ne possédant pas de vache........	14,1 %
Possédant 1 vache................	45,1 %
Possédant 2 vaches	26,9 %
Possédant 3 vaches	9,2 %
Possédant 4 vaches et plus.........	4,7 %
Total..........	100 %

Certes, il peut y avoir des cas isolés où les paysans usuriers (koulaks) ne possèdent ni bête de trait, ni vache, comme il peut y avoir aussi des membres de Conseils d'administration possédant trois vaches et trois chevaux, sans être pour cela des koulaks; néanmoins, ces chiffres donnent un tableau exact de la composition des administrations coopératives de base.

Passons maintenant à la caractéristique des formes spécifiques des coopératives.

L'influence de ces coopératives s'accroît d'une façon ininterrompue, car les branches spéciales dans l'agriculture se rétablissent plus rapidement que l'agriculture en général. De plus, le débit des cultures spéciales est plus important que celui des céréales et du bétail.

Une des plus importantes branches de la coopération agricole concerne le débit du chanvre, qui est rassemblé par le service central pour le chanvre (Association centrale coopérative panrusse des cultivateurs de lin et chanvre). Dans le milieu de l'exercice 1925-1926, il existait 80 associations comprenant 9.960 coopératives et englobant 1.572.000 économies paysannes.

Voyons maintenant dans quelles mains se trouvent les coopératives de chanvre. Elles se composent de 70 % d'économies paysannes ayant une superficie moyenne emblavée de 3,5 déciatines et de 20 % d'économies paysannes ayant une superficie moyenne emblavée de 1,5 déciatine ; ces économies appartiennent, comme on le voit, à des moyens et petits paysans. Il en est de même pour le gros et menu bétail de ces économies, comme on le remarquera par les chiffres suivants : 80 % ne possèdent qu'un cheval, 5 % ne possèdent qu'une vache, 4,5 % ne possèdent aucun bétail.

Immédiatement après les coopératives de chanvre, vient la coopération laitière. Pendant l'exercice 1925-1926, l'association centrale des coopératives laitières groupait 35 artels spéciales et 35 artels combinées avec 5.874 coopératives et 997.000 coopérateurs. Actuellement, les trois cinquièmes de la production totale du beurre sont fournis par les coopératives laitières. 52 % du beurre destiné à l'exportation est fourni par ces coopératives ; la qualité de ce beurre est supérieure à celle des autres beurres exportés.

L'influence des artels laitières s'étend également sur les autres branches de cette production : sélection et élevage du bétail, construction d'étables chaudes, nourriture rationnelle, culture des plantes fourragères, etc.

La coopération laitière existait évidemment avant la révolution, mais elle était un moyen d'enrichissement des paysans riches, tandis que la nouvelle forme de coopération est celle des petits et moyens paysans.

Très rapidement aussi se sont développées les coopératives pour la culture des pommes de terre et celles pour le traitement des produits agricoles. C'est également une organisation coopérative des petits et moyens paysans. Dans l'exercice 1925-1926, ces coopératives ont fourni 41,8 % de la totalité des produits de la fécule. Même situation pour les coopératives des cultivateurs de topinambour et les coopératives d'élevage

Voilà la situation des coopératives agricoles dans les branches les plus importantes.

Le village soviétique s'est réveillé du sommeil profond où il était plongé. Il s'est engagé dans la voie de nouvelles formes économiques ; il veut avoir sa propre culture. Or, il n'existe pas d'autre voie pour l'amélioration du niveau de vie que l'intensification des forces productives, et cette intensification n'est possible que par l'union coopérative des paysans.

Voilà pourquoi le gouvernement soviétique aide les masses paysannes dans leur travail intense sur le terrain de la coopération. Les succès que nous pouvons enregistrer au 10e Anniversaire de la révolution d'Octobre sur ce terrain économique important, garantissent la réalisation de cette société supérieure dont Lénine disait : « Il faut nous convaincre que le système de société vers lequel plus que jamais doivent tendre tous nos efforts et que nous devons réaliser, c'est la société coopérative. »

5. L'activité culturelle et l'essor de la vie publique des paysans

La révolution d'Octobre 1917 a été une révolution politique. Elle signifie la prise du pouvoir par une nouvelle classe et la chute de l'ancienne classe qui empêchait le développement des masses prolétariennes.

La révolution politique était nécessaire pour que la révolution économique puisse s'accomplir.

Dans la mesure où la révolution économique progresse, l'Union soviétique devient plus riche, s'accroît et acquiert, par conséquent, la possibilité d'accomplir la révolution culturelle.

En Russie tsariste, les richesses et le pouvoir appartenaient à un nombre infime de gros propriétaires fonciers et de capitalistes qui, naturellement, détenaient aussi le monopole culturel. Les ouvriers et les paysans qui représentaient la majorité écrasante de la population avaient comme lot la misère et les souffrances; il leur était impossible de jouir des conquêtes culturelles, pas plus que ne peuvent le faire leurs frères de classe, partout où le capitalisme règne, où il n'y a pas de gouvernement ouvrier et paysan.

En Russie soviétique, l'instruction n'est pas le privilège d'une caste parasite. Ici, elle n'est estimée qu'autant qu'elle embrasse des masses travailleuses toujours plus grandes : des ouvriers, des paysans, des employés, des hommes et des femmes de tous les peuples jusqu'aux tribus les plus primitives.

Dans les dix années de pouvoir ouvrier et paysan en U.R.S.S., malgré des conditions très difficiles, une activité ardente et persévérante fut déployée sur le terrain culturel. Elle fut d'abord retardée par la lutte contre la contre-révolution intérieure, l'intervention étrangère, le blocus et, plus tard, par la famine et les épidémies qui ruinaient le pays. Quand tous ces fléaux furent vaincus et que les travailleurs de l'U.R.S.S. purent enfin commencer l'édification pacifique (il y a quatre ans environ), les premières années durent être sacrifiées à des tâches purement économiques afin de déblayer les ruines qui couvraient le pays.

La paysannerie si inéduquée, si illettrée et si arriérée au temps de la Russie tsariste, a atteint un niveau culturel surprenant.

La révolution a suscité dans les masses paysannes une grande soif d'instruction. Dans la population adulte, la liquidation de l'analphabétisme (ce lourd héritage du régime tsariste qui avait tout intérêt à laisser les masses populaires dans l'ignorance) avance à pas de géant. Un grand réseau d'établissements d'instruction : isbas-salles de lecture et bibliothèques a été créé. Au temps du tsarisme, 50 % seulement des enfants en âge de recevoir l'instruction élémentaire fréquentaient l'école. Aujourd'hui, 75 % en moyenne fréquentent l'école.

Au cours des cinq prochaines années, l'enseignement obligatoire primaire sera institué.

Partout les connaissances agronomiques se propagent, ce qui joue un grand rôle dans le perfectionnement de l'agriculture.

Les écoles supérieures, auxquelles, du temps des tsars, quelques fils seulement de paysans riches pouvaient parvenir, sont ouvertes aujourd'hui en Russie soviétique aux masses prolétariennes les plus larges.

Les conditions de vie se sont améliorées grâce à la création d'établissements sanitaires qui existaient en nombre si restreint au temps des tsars.

Il convient de remarquer aussi l'importance de l'éducation reçue par la jeunesse paysanne dans l'Armée Rouge pour le développement de toute la paysannerie.

L'Armée Rouge est le sang même des ouvriers et des paysans. Non seulement elle prépare la défense du pays contre les impérialistes, mais elle représente une école culturelle et sociale.

« L'Armée Rouge et la Flotte Rouge », dit le Manifeste, « non seulement augmentent leurs forces de combat, mais deviennent un facteur culturel de premier ordre ; au lieu de l'alcoolisme, des jeux de cartes et des maladies vénériennes que rapportaient dans leur village les soldats de l'armée tsariste, l'Armée Rouge y introduit les livres, l'électricité, les assolements multiples. »

Les paysans revenus de l'Armée Rouge deviennent, grâce aux connaissances acquises dans les différents domaines, aptes à jouer un rôle actif dans la société.

Avec leur développement culturel, progresse aussi l'activité publique des paysans, dont les premières tentatives avant la révolution étaient réprimées impitoyablement par des agents tsaristes.

En analysant le développement de la coopération en U.R.S.S., nous avons constaté qu'elle représente une des plus importantes organisations du village.

Ici, nous voulons insister sur d'autres formes de la vie publique du village soviétique qui sont également d'une grande importance organisatoire et culturelle.

L'activité culturelle et le développement de l'activité publique sont étroitement liés. Des institutions telles que les salles de lecture sont également le centre de la vie publique du village.

Dans son local travaille la cellule du parti qui organise les éléments les plus avancés des couches petites-paysannes. Là travaille aussi la cellule de la Fédération des Jeunesses qui prépare la jeune génération à une participation active dans l'édification de la vie nouvelle. D'habitude s'y réunissent également toutes les autres sociétés formées librement par la population, celles par exemple pour la liquidation de l'analphabétisme.

Les comités de mutualité paysanne et les différentes formes de l'activité spontanée des paysans prennent également un essor puissant.

Ces comités de mutualité paysanne sont des organisations paysannes qui ont été créées pour assurer l'entr'aide entre paysans pauvres au moyen des ressources de la communauté.

L'ensemble de l'activité des organes soviétiques dans les villages s'accomplit sous le mot d'ordre « Attirons la population rurale à participer à toutes les questions touchant le travail d'édification. »

Toutes les administrations d'Etat, depuis les soviets jusqu'aux stations économiques, y compris les écoles et les hôpitaux, sont étroitement liées à la population des villages.

Toutes les mesures importantes sont exécutées après examen direct par les masses travailleuses, et dans la mesure où les masses paysannes progressent culturellement, où la vie publique s'intensifie, s'accroît également l'activité politique de la paysannerie. Voilà ce qui accélère l'amélioration des conditions de vie et la liquidation complète du lourd héritage du passé ; voilà ce qui permet d'en finir avec cet état arriéré des masses paysannes sur le terrain économique et culturel. Là est la garantie de l'essor futur de la paysannerie.

6. Le pouvoir soviétique et la question des nationalités

La situation des travailleurs dans la Russie tsariste des grands propriétaires fonciers et des capitalistes était insupportable, mais plus dure encore était la situation des travailleurs des nationalités non russes. Leur nombre en Russie tsariste était plus grand que celui des Russes : ils représentaient 57 % de la population entière; tandis que les Russes ne représentaient que 43 %. Comment cela était-il possible ?

« Pendant des centaines d'années, dit le Manifeste, les peuples opprimés par la Russie impériale s'étaient efforcés de rejeter le joug exécré des tsars. Plus de cent nations vivaient sur le territoire de l'Empire. L'aigle à deux têtes de l'autocratie les tenait dans ses serres rapaces et implacables. Les prétendues « glorieuses expéditions », « conquêtes », « pacifications » n'étaient que des pillages sauvages qui dévastaient d'immenses régions. La misère, les brimades, l'enlèvement de tous droits aux populations, l'oppression nationale, voilà ce qui distinguait la domination des propriétaires fonciers dans la vieille Russie. On appelait « allogènes » tous les peuples soumis. Et à toute velléité d'émancipation, à toute protestation, à toute idée d'égalité, le régime autocratique répondait par une répression sanglante. Les expéditions punitives dans les pays baltes en 1905, les exécutions en Pologne, en Finlande, en Géorgie, au Turkestan, les pogromes de Juifs, les spoliations dans toutes les colonies de la Russie restent dans toutes les mémoires. Le corps de chaque peuple est couvert de cicatrices qui rappellent l'odieuse autocratie. »

C'est alors que la révolution d'Octobre éclata et — dès que le pouvoir passa des mains de Kérensky aux mains des ouvriers et paysans — le gouvernement soviétique proclama le droit des peuples russes à disposer d'eux-mêmes jusqu'à la séparation et à la constitution d'Etats autonomes.

« L'insurrection prolétarienne, dit toujours le Manifeste, a donné la liberté à tous les peuples. Le pouvoir soviétique transforma la Russie des tsars, la geôle des peuples en une union fraternelle, libre et forte comme l'acier. L'égalité des nations, la liberté du développement national, le progrès culturel, l'abolition de toute oppression nationale, la fraternité des peuples, voilà les mots d'ordre sous lesquels le prolétariat mena à la liberté les peuples opprimés de l'ancienne Russie. »

Cette union libre est devenue possible et durable parce que les petites comme les grandes nationalités de l'U.R.S.S. jouissent d'une complète liberté politique. Sur leur territoire, elles jouissent d'une indépendance complète en ce qui concerne leurs besoins particuliers. A l'école, dans les tribunaux, dans les administrations, dans la correspondance officielle, elles emploient leur langue maternelle ; ce n'est pas, comme au temps des tsars, la force des baïonnettes, mais bien la communauté d'intérêts de tous les travailleurs, qui les unit.

Cette conquête de la révolution d'Octobre a été maintenue également dans l'organisation du Comité Central Exécutif de l'U.R.S.S., qui est l'organe suprême du pouvoir dans l'intervalle des congrès. Il se compose d'un Conseil de l'Union et d'un Conseil des Nationalités. Le Conseil de l'Union comprend les représentants des républiques de l'Union des Républiques Socialistes Soviétiques proportionnellement à leur population. Le Conseil des Nationalités comprend les représentants de toutes les républiques et de tous les territoires autonomes rattachés à l'U.R.S.S. Ces deux conseils ont les mêmes droits : pas une seule loi soumise au Comité Central Exécutif ne peut entrer en vigueur sans leur ratification commune. En cas de désaccord entre eux, la solution définitive appartient au Congrès de l'U.R.S.S. Une telle structure du pouvoir suprême assure les droits et les intérêts des nationalités sur le territoire de l'Union soviétique.

Mais le tsarisme a laissé une véritable inégalité des nations qui est intimement liée à leurs conditions de vie économique.

Le gouvernement tsariste a développé l'industrie surtout à l'intérieur du pays, tandis qu'il faisait tout pour empêcher le développement industriel des pays frontières habités par des non Russes.

Pour instituer une véritable égalité des peuples dans l'Union soviétique, il faut aussi s'efforcer de créer une industrie dans ces pays ; c'est pourquoi le pouvoir soviétique a commencé — depuis que l'industrie a dépassé le niveau d'avant-guerre — la construction de différentes fabriques, usines et stations électriques dans les républiques nationales.

Mais à l'inégalité économique est étroitement liée l'inégalité culturelle. Le gouvernement tsariste qui menaît une politique de russification à outrance des « peuples allogènes », interdisait à ces peuples soumis l'emploi de leur langue maternelle. En conséquence, beaucoup de ces peuples n'avaient pas encore — au moment de la révolution d'Octobre — leur littérature nationale.

Le pouvoir soviétique élève les nationalités arriérées au niveau des peuples avancés et instaure ainsi peu à peu la véritable égalité nationale.

7. L'organisation des Soviets et la paysannerie

Le travailleur de la campagne, le paysan inéduqué et sans droit, durement exploité et opprimé en Russie tsariste a conclu, il y a dix ans, une alliance inébranlable avec le travailleur des villes pour une lutte à mort contre leurs ennemis communs: les gros propriétaires fonciers et les capitalistes.

C'est avec les ouvriers et sous leur conduite que les paysans ont vaincu et sont devenus des citoyens ayant tous droits civils et politiques dans le premier Etat prolétarien de l'univers. C'est avec les ouvriers des villes qu'ils sont devenus les artisans de leur propre destinée et qu'ils forgent une nouvelle et meilleure vie.

Beaucoup a été déjà fait, mais beaucoup plus encore reste à faire. Beaucoup de difficultés sont déjà surmontées. mais bien plus encore restent à vaincre.

« Dans tout le pays, dit le Manifeste, nous sommes entrés dans la période des grands travaux, dans une période de création intense. Néanmoins le pouvoir des Soviets invite tous les travailleurs et, en premier lieu, l'avant-garde prolétarienne à bien comprendre toutes nos faiblesses et à voir les dangers qui nous menacent dans notre grande marche en avant.

« Il nous faut faire disparaître notre misère ; et nous n'avons fait, pour cela, que les premiers pas. Il nous faut créer une technique nouvelle et puissante dans l'industrie et nous n'avons fait que commencer. Il nous faut transformer les campagnes par l'électrification, la coopération, les fermes collectives ; or, nous n'avons encore remporté que les premiers succès dans cette voie. Il nous faut éliminer le commerçant privé et le paysan riche. Il nous faut, par un travail long et opiniâtre, vaincre entièrement le bureaucratisme, il nous faut en finir avec la plaie de l'analphabétisme, de l'ignorance, de l'ivrognerie, de l'absence de culture. Il nous faut tout faire pour marcher plus énergiquement vers l' « Etat-commune ». Bref, il nous faut faire en sorte que notre pays devienne un pays socialiste dans toute l'acception du terme.

« Les problèmes les plus ardus se posent devant nous. Dans sa lutte de classe permanente contre la bourgeoisie, le paysan riche, le bureaucrate, en s'appuyant sur les masses des ouvriers, sur les paysans pauvres et en maintenant son alliance inébranlable avec le paysan moyen, le pouvoir des Soviets résoudra ces problèmes, car, avec lui, la masse des travailleurs, elle-même, s'en chargera. »

Le paysan travailleur s'est développé politiquement. Sa situation économique se renforce; il désire et il acquiert une plus grande culture.

La masse paysanne travailleuse prend une part active aux travaux, à la solution des tâches nombreuses et compliquées que la vie pose chaque jour.

De plus en plus le paysan participe aux travaux des soviets. Le paysan et la paysannerie déploient une activité de plus en plus intense aux élections du pouvoir ouvrier et paysan. Ils travaillent de plus en plus aux postes dirigeants, depuis les organes de base : le soviet de village le plus reculé jusqu'à l'organe suprême gouvernemental, le Comité Central Exécutif de l'U.R.S.S. qui, à l'occasion des fêtes de la victoire de la révolution d'Octobre et du xe anniversaire de l'Union des ouvriers et paysans, a décidé ce qui suit :

« *Pour améliorer la situation matérielle des paysans pauvres et, en général, des petits paysans, exempter de l'impôt agricole, outre les 25 % de familles déjà exemptées, 10 % encore ;*

« *D'annuler les dettes contractées par les paysans envers l'Etat à l'occasion de la mauvaise récolte de 1924-25; d'annuler les arriérés d'impôts des paysans pauvres et d'accorder des réductions aux paysans moyens pour les années précédentes ; de consentir des réductions d'arriérés et d'amendes aux catégories pauvres de la population urbaine et rurale pour tous les autres genres d'impôts; de charger le Présidium du Comité Exécutif de l'U. R. S. S. de promulguer des décrets correspondants pour l'anniversaire de la révolution d'Octobre ;*

« *De procéder aux frais de l'Etat au remboursement des terres de tous les paysans pauvres et petits paysans et, pour cela, d'assigner, outre les sommes prévues par le budget de 1927-28, 10 millions de roubles supplémentaires.*

« *De charger le Présidium du Comité Central Exécutif*

et le Conseil des Commissaires du Peuple de l'U. R. S. S. d'élaborer une loi sur l'application graduelle de l'assurance par l'Etat aux personnes âgées de la petite paysannerie et de la présenter au prochain congrès des soviets de l'U. R. S. S. »

⁂

Les dix années de lutte ardue, mais victorieuse des travailleurs de l'Union soviétique pour un nouveau monde, pour une vie meilleure, les nombreuses expériences acquises pendant l'édification du premier pays ouvrier et paysan de l'univers, servent d'exemple à la paysannerie travailleuse du monde entier.

Au dixième anniversaire de la révolution d'Octobre, la paysannerie du monde entier a fait siennes ces trois vérités essentielles :

1. Que l'ordre capitaliste, le régime d'exploitation et d'oppression ne durera pas toujours ;

2. Que même les armées des spoliateurs impérialistes dotées des derniers perfectionnements de la technique sont impuissantes contre les forces de l'alliance ouvrière et paysanne défendant ses propres intérêts ;

3. Que l'alliance étroite entre les ouvriers et les paysans n'est pas seulement capable de résister d'une façon décisive aux ennemis de l'Etat ouvrier et paysan, mais qu'elle est aussi capable de développer une activité gigantesque productive pour élever le niveau de vie des travailleurs.

C'est pourquoi au dixième anniversaire de la révolution d'Octobre s'élève de l'univers ouvrier et paysan plus fort que jamais le cri de salut :

Vive l'U. R. S. S.

Et partout, dans les villages du globe les plus reculés, un autre cri s'élèvera encore, fort et menaçant, qui appellera les ouvriers et les paysans de tout l'univers à lutter pour la conquête du pouvoir : ce sera le cri de guerre du Conseil International Paysan :

« *Paysans et ouvriers de tous les pays, unissez-vous* ! »

CHIFFRES ET DIAGRAMMES

La question agraire avant et après la révolution d'Octobre

1. *La répartition de la terre dans la Russie d'Europe en 1905* (Diagramme N° 1).
2. *La répartition de la terre entre les propriétaires fonciers en 1905* (Diagramme N° 2).
3. *La composition des classes dans les campagnes* (Diagramme N° 3).
4. *Le mouvement révolutionnaire paysan de 1900-1907* (Diagramme N° 4).
5. *La lutte révolutionnaire des paysans* (Diagramme N° 5).
6. *La nouvelle répartition des terres après l'expropriation des propriétaires fonciers et du clergé* (Diagramme N° 6).
7. *La répartition de la terre paysanne* (Diagrammes Nos 7 et 8).

N° 1

1

La répartition de la terre en Russie d'Europe en 1905

Domaines de la Couronne, des monastères et des églises, 155 millions de déciatines = 39 %.

Domaines privés (3 millions de propriétaires) 102 millions de déciatines = 26 %.

Domaines des communes paysannes (Mir) (100 millions de paysans) 139 millions de déciatines = 35 %.

N° 2

2

La répartition de la terre entre les propriétaires fonciers en 1905

Les propriétaires de latifundia d'une superficie de 1.000 déciatines et plus détenaient 60 % des terres cultivées.

Les propriétaires de biens de 100 à 1.000 déciatines détenaient 25 % des terres cultivées.

Les propriétaires de fermes de moins de 100 déciatines détenaient 15 % des terres cultivées.

De plus, chacun des 700 grands propriétaires fonciers possédait en moyenne environ 30.000 déciatines, ce qui représentait au total trois fois autant de terres que les domaines des autres 600.000 propriétaires fonciers pris ensemble.

N° 3

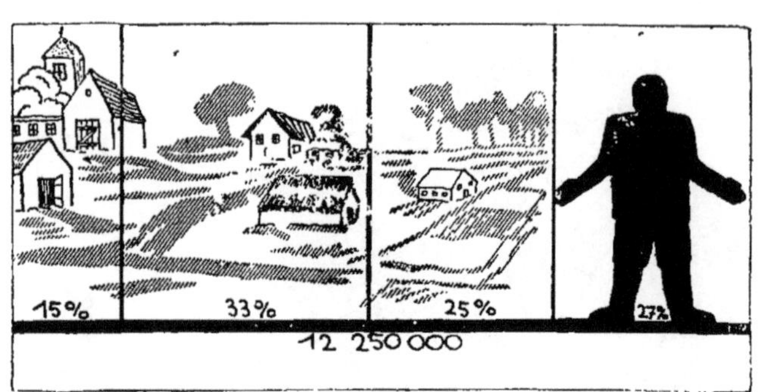

3

La composition des classes dans les campagnes

Nombre total d'économies paysannes (sur les terres des communes paysannes) en Russie d'Europe: 12.250.000, se répartissant ainsi :

Economies dont la part était au-dessus de 15 déciatines, environ 15 %.

Economies dont la part était de 5 à 10 déciatines, plus de 33 %.

Économies dont la part était au-dessous de 5 déciatines (y compris forêts et terres incultes), 25 %.

Paysans sans terre, 27 %.

N° 4

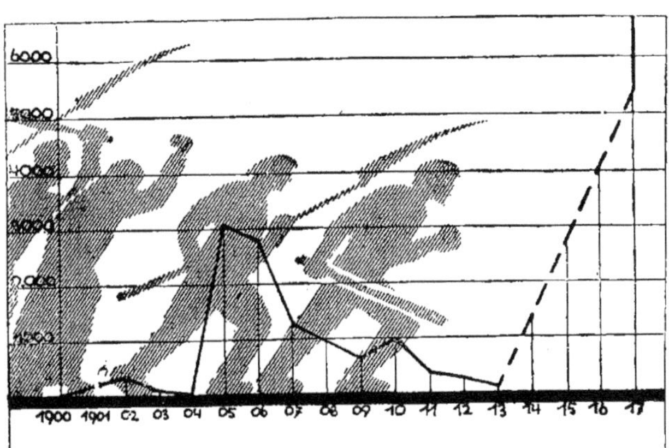

4

Le mouvement révolutionnaire paysan de 1900 à 1917

Nombre d'actions révolutionnaires.

(Nous ne possédons pas de statistiques de 1914 à 1917.)

N° 5

5

La lutte révolutionnaire des paysans
(ses différentes manifestations)

▭	contre la noblesse foncière = 75 %.
▬	contre le clergé, la grosse paysannerie, etc. = 2 %.
▤	actions politiques générales et actions contre le gouvernement = 23 %.

N° 6

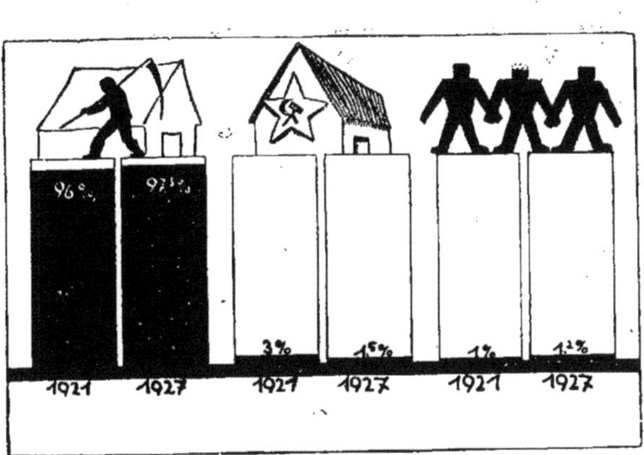

6

La nouvelle répartition des terres après l'expropriation des propriétaires fonciers et du clergé

	Terres paysannes	Economies soviétiques	Économies collectives
1921	96 %	3 %	1 %
1927	97,3 %	1,5 %	1,2 %

N° 7

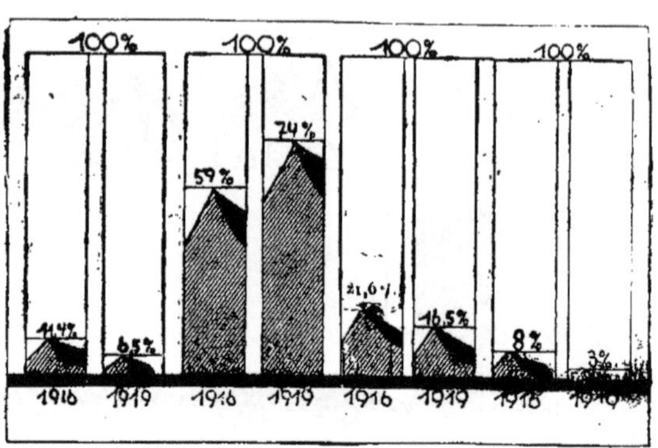

7

La répartition de la terre paysanne

De 1916 à 1919, le nombre total des économies paysannes s'accrut et elles se groupèrent comme suit (en %) :

I

	1916	1919
	—	—
Economies non ensemencées	11,4	6,5
Economies de moins de 4 déciatines	59	74
Economies de 4 à 8 déciatines	21,6	16,5
Economies de plus de 8 déciatines	8	3

N° 8

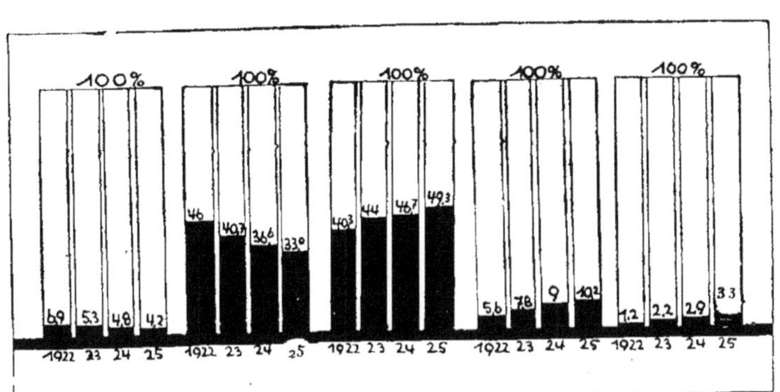

8

La répartition de la terre paysanne (suite)

II

	1922	1923	1924	1925
	—	—	—	—
Economies non ensemencées.	6,9	5,3	4,8	4,2
Economies de moins de 2 déciat.	46	40,7	36,6	33
Economies de 2 à 6 déciatines..	40,3	44	46,7	49,3
Economies de 6 à 10 déciatines..	5,6	7,8	9	10,2
Economies de plus de 10 déciat.	1,2	2,2	2,9	3,3

Les mesures pour l'encouragement de l'agriculture

I. *La politique fiscale du gouvernement tsariste et celle du pouvoir soviétique.*

  1. *Le montant des impôts par habitant avant la révolution et aujourd'hui* (Diagramme N° 9).

  2. *La répartition des impôts entre les différentes couches de la population paysanne* (Diagramme N° 10).

II. *L'aide financière de l'Etat à l'agriculture* (Diagramme N° 11).

III. 1. *Forêts et bois paysans* (Diagramme N° 12).

  2. *Le remembrement des terres* (Diagramme N° 13).

IV. *L'industrialisation de l'agriculture.*

  1. *L'approvisionnement en machines et tracteurs* (Diagramme N° 14).

  2. *L'électrification* (Diagrammes Nos 15 et 16).

V. 1. *Capitaux placés dans les travaux d'amélioration dans l'U.R.S.S.* (Diagramme N° 17).

  2. *Travaux d'amélioration dans la R.S.F.S.R.* (Diagramme N° 18).

  3. *Avances de semences* (Diagramme N° 19).

N° 9

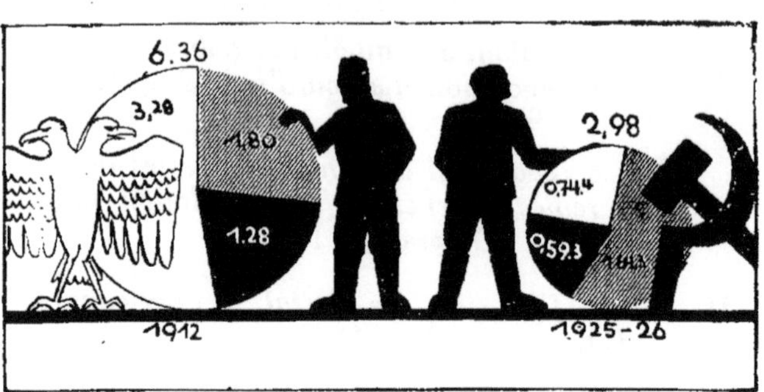

9

Tableaux comparatifs de la politique fiscale du gouvernement tsariste et du pouvoir soviétique

Montant des impôts par habitant (calculé en roubles d'avant-guerre) :

	en 1912	en 1925/26
(hachuré)	Impôts directs.	Impôts directs (agricoles, industriels, — pour les artisans — droits de timbre, etc.).
(blanc)	Impôts indirects.	Impôts indirects.
(noir)	Divers.	Impôt communal.

Sans compter les paiements de fermage aux junkers et l'amortissement des dettes aux banques

N° 10

10

La répartition des impôts entre les différentes couches de la population paysanne

Petits paysans — 25 % de l'ensemble de la paysannerie sont complétement exemptés [1].

Paysans moyens — 60 % de l'ensemble de la paysannerie paient 53 % du montant total des impôts.

Gros paysans — 15 % [2] de l'ensemble de la paysannerie paient 47 % du montant total des impôts.

1. Depuis 1928, la proportion des exemptés est de 35 %.
2. Y compris 3,7 % de koulaks (paysans riches).

N° 11

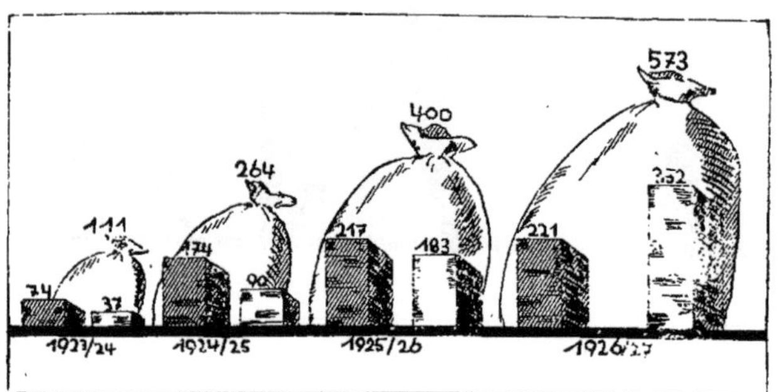

11

L'aide financière de l'État à l'agriculture

Somme totale (en millions de roubles), se composant des fonds alloués par le budget d'Etat (voir le bloc noir) et par la Banque agricole (voir le bloc blanc).

N° 12

12

Forêts et bois paysans

Avant la révolution, la paysannerie possédait dans les provinces formant aujourd'hui la R.S.F.S.R. 17,7 mill. d'hectares.

Il a été octroyé aux paysans, dans les années 1923/27, 23,3 mill. d'hectares de bois d'intérêt local.

De plus, les paysans ont reçu dans l'année 1925/26, des forêts communales: 21.260.723 mètres cubes; des forêts de l'Etat: 29.419.100 mètres cubes de bois à brûler, de construction, etc., à prix réduit.

N° 13

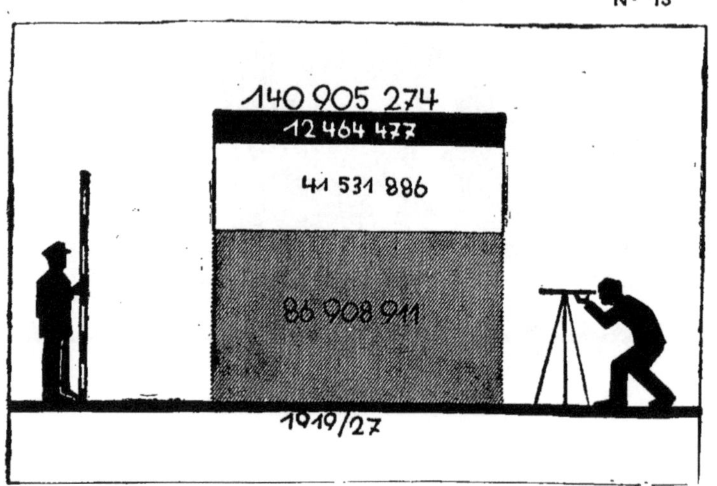

13

Le remembrement des terres

Remembrement et démarcation des champs entre les cantons et les villages, 86.908.911 hectares.

Remembrement et démarcation des champs entre les villages, 41.531.886 hectares.

Autres travaux de remembrement, 12.464.477 hectares.

Total, 140.905.274 hectares.

N° 14

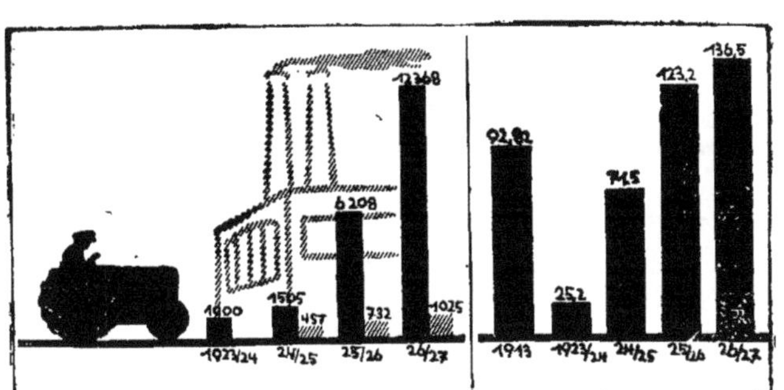

L'industrialisation de l'agriculture

14

L'approvisionnement en machines et tracteurs

▬ Importation de tracteurs.

▨ Production nationale de tracteurs.

Débit en machines et tracteurs (en millions de roubles) par rapport à 1913.

N° 15

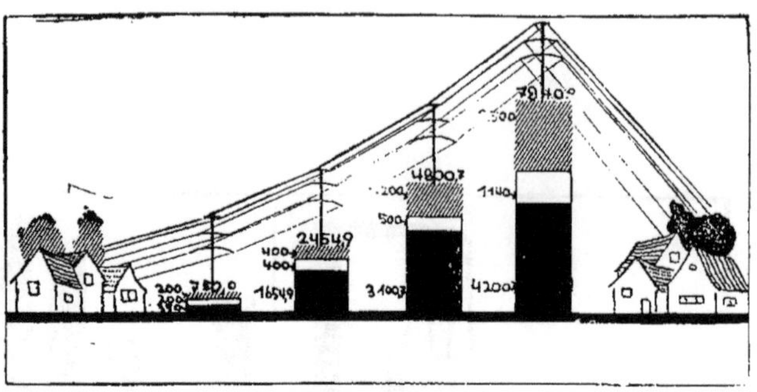

15

L'électrification

Il a été dépensé pour l'électrification de l'agriculture (en milliers de roubles)

- ▬ Fonds provenant de la Banque centrale pour l'agriculture et l'électrification.
- ▭ Fonds provenant du budget d'Etat
- ▨ Fonds provenant du département pour l'électrification.

N° 16

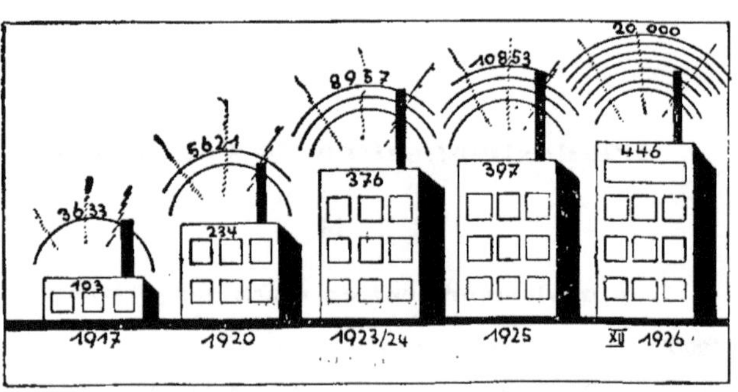

16

Nombre des stations en activité et des kilowatts-heures.

N° 17

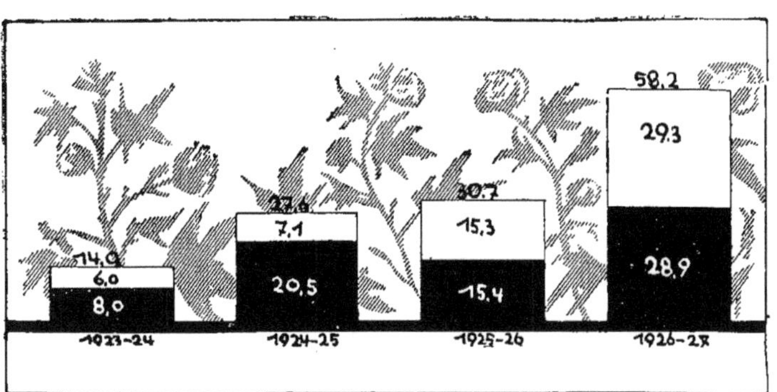

17

Capitaux placés dans les travaux d'amélioration dans l'U.R.S.S. (en milliers de roubles)

■ Dans les régions cotonnières de la R.S.F.S.R., de la R.S.S. ukrainienne et de la R.S.S. de Russie blanche.

□ Dans les régions cotonnières de la R.S.F.S.R., dans la R.S.S.F. transcaucasienne et dans les républiques de l'Asie centrale.

N° 18

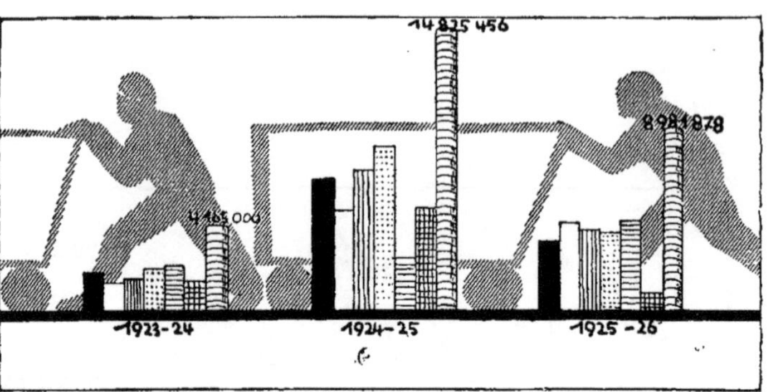

18

Travaux d'amélioration dans la R.S.F.S.R.

Genre de travail	Quantité de travaux effectués 1923/24	1924/25	1925/26
Canalisation et réparations (en km)	1.297	4.267,8	2.236
Construction et réparations de citernes (unités).....	679	2.516	2.262
Construction et réparations de digues, écluses, ponts, etc. (unités)	1.527	7.103	4.654
Travaux de terrassements (en mètres cubes)	5.766.241	22.639.899	8.981.092
Drainage (en hectares)....	85.218	104.257,5	133.753
Travaux d'arrosage et d'irrigation (en hectares) ..	26.002	99.292	17.783
Coût des travaux effectués (en roubles)	4.165.000	14.825.456	8.981.878

N° 19

19

Avances de semences accordées aux paysans les plus pauvres (en millions de pouds)

(1 poud [40 livres russes] = 16,380 kg.)

Le rétablissement de l'agriculture

1. *La production agricole de l'U.R.S.S.* (Diagramme N° 20).

2. *L'élevage* (Diagramme N° 21).

3. *La superficie cultivée* (Diagramme N° 22).

4. *La superficie des cultures les plus importantes* (Diagramme N° 23).

N° 20

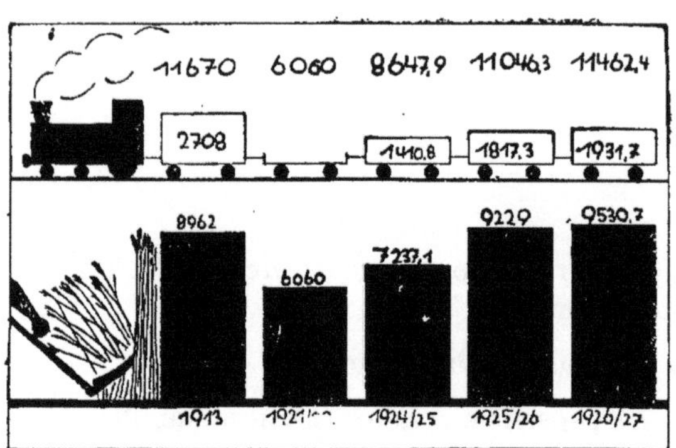

20

La production agricole de l'U.R.S.S.

(en millions de roubles)

Production brute et quantité jetée sur le marché (sylviculture, pêche et chasse non comprises).

La partie inférieure du diagramme illustre la consommation propre des paysans.

N° 21

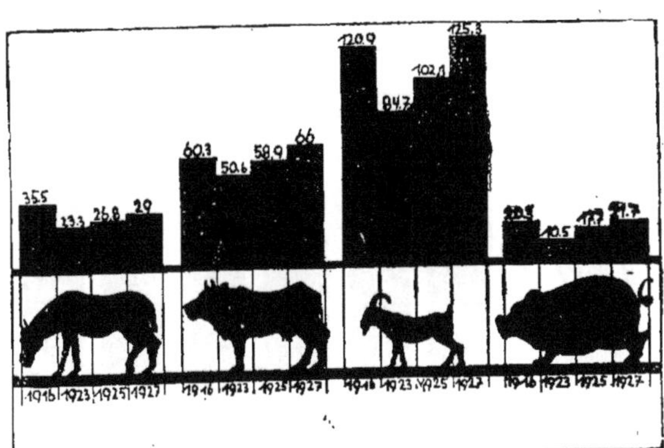

21

L'élevage

(en millions de têtes)

Chevaux, bœufs, moutons, porcs

N° 22

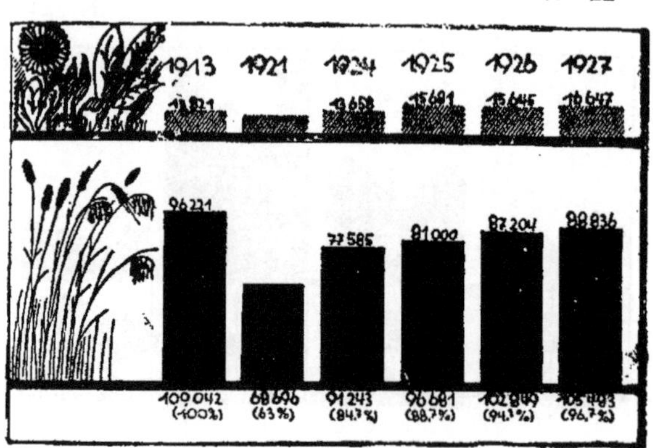

22

La superficie cultivée

(en milliers de déciatines)

▨ Cultures industrielles (tournesol, lin, betterave à sucre, coton, tabac, chanvre, etc.).

■ Céréales (seigle, froment, avoine, orge, sarrasin, maïs, etc.).

N° 23

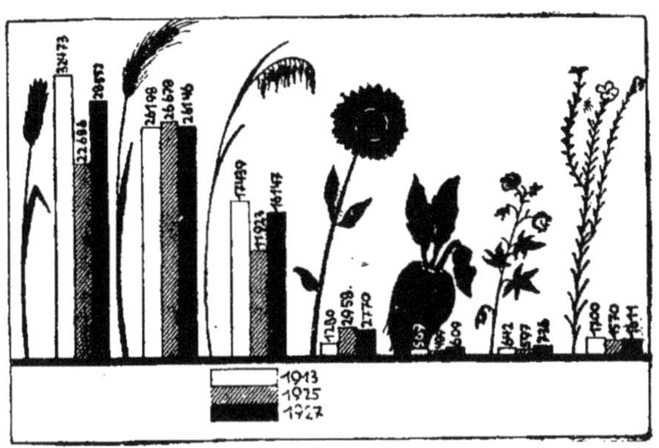

23

La superficie des cultures les plus importantes
(en milliers de déciatines)

Froment, seigle, avoine, tournesol, betterave à sucre, coton, lin.

Les coopératives

N° 24

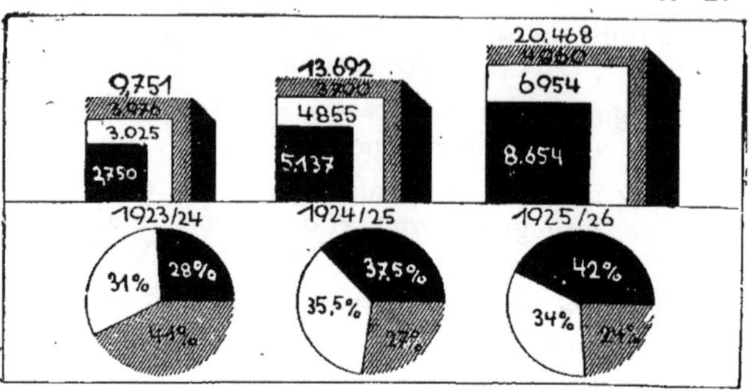

24

Part des entreprises d'État, des coopératives et des capitalistes privés dans l'ensemble de la circulation des marchandises de l'U.R.S.S.

(en millions de roubles et en %)

■	Transactions des coopératives.
□	Transactions des entreprises d'Etat.
▨	Transactions du capital privé.

N° 25

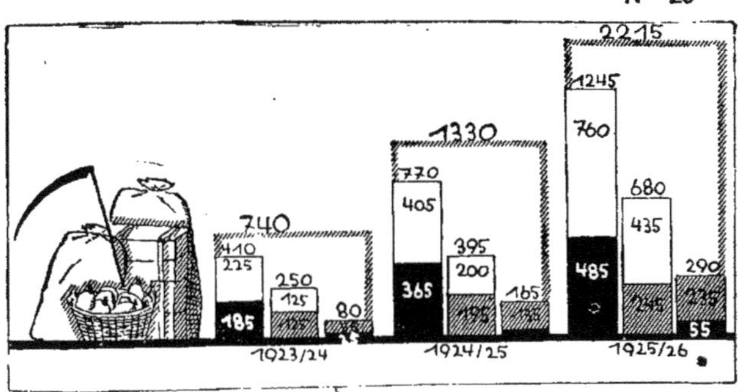

25

Transactions des coopératives agricoles dans l'U.R,S.S.

(chiffres arrondis en millions de roubles)

Coopératives de base

■ (noir)	Achat	185	365	485
□ (blanc)	Vente	225	405	760
		1923/24	**1924/25**	**1925/26**
		100%	**188%**	**304%**

Unions coopératives locales

▨ (hachuré)	Achat	125	195	245
□ (blanc)	Vente	125	200	435
		1923/24	**1924/25**	**1925/26**
		100%	**158%**	**272%**

Unions coopératives centrales

■ (noir)	Achat	25	30	55
▨ (hachuré)	Vente	55	135	235
		1923/24	**1924/25**	**1925/26**
		100%	**208%**	**363%**

Sommes globales

1923/24	**1924/25**	**1925/26**
740	**1.330**	**2.215**
100%	**180%**	**300%**

N° 26

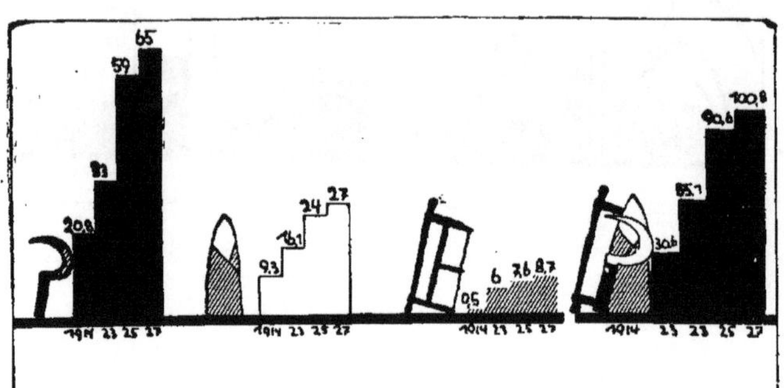

26

Augmentation du nombre des coopératives agricoles
(en milliers)

▬ (noir)	Coopératives agricoles.
▭ (blanc)	Coopératives de consommation.
▨ (hachuré)	Coopératives d'artisanat.

Le quatrième dessin donne la somme globale.

N° 27

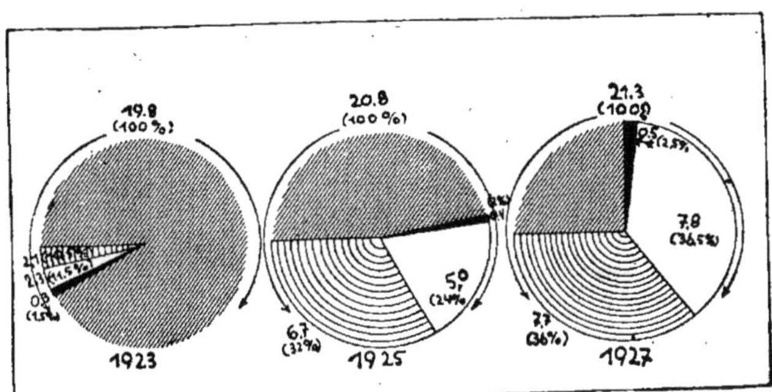

27

Les effectifs des coopératives agricoles

(*voir page* 39)

[en millions]

et leur pourcentage par rapport au nombre total des économies paysannes.

(en millions et en %).

Coopératives agricoles : **Octobre 1923, 2,1 (10,5 %); Octobre 1925, 6,7 (32%) ; 1927 [début], 7,7 (36%).**

Coopératives de consommation : **Octobre 1923, 2,3 (11,5 %); Octobre 1925, 5,0 (24 %); 1927 [début], 7,8 (36,5 %).**

Coopératives d'artisanat : Octobre 1923 0,3 **(1,5 %) ; Octobre 1925, 0,4 (2 %) ; 1927 [début], 0,5 (2,5 %).**

Total des économies paysannes : **Octobre 1923, 19,8 (100 %) ; Octobre 1925, 20,8 (100 %) ; 1927 [début], 21,3 (100 %).**

N° 28

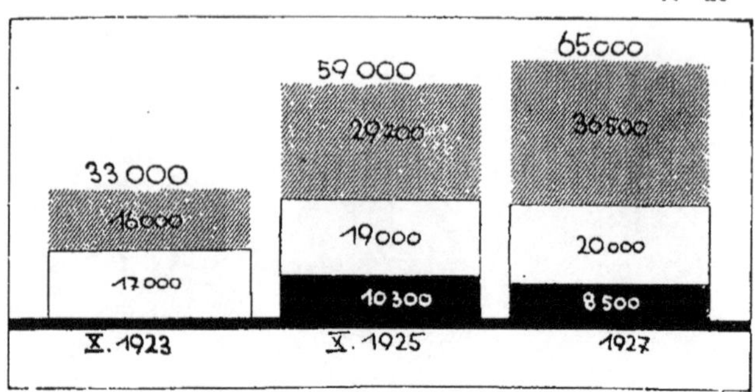

28

Nombre des organisations des différentes coopératives agricoles

N° 29

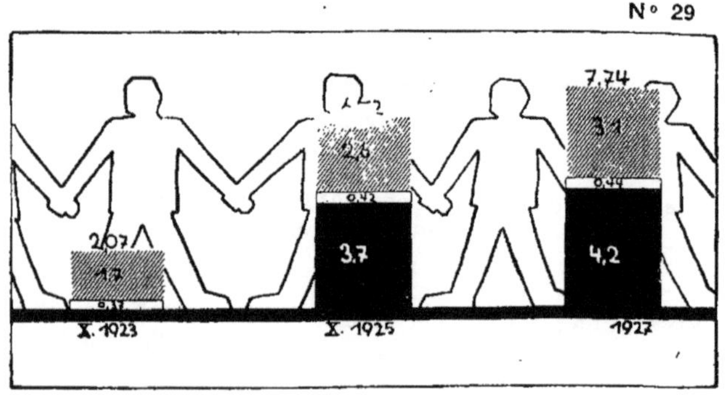

29

Effectifs des différentes coopératives agricoles
(en millions)

Coopératives de crédit.
Coopératives de production.
Autres coopératives agricoles.

N° 30

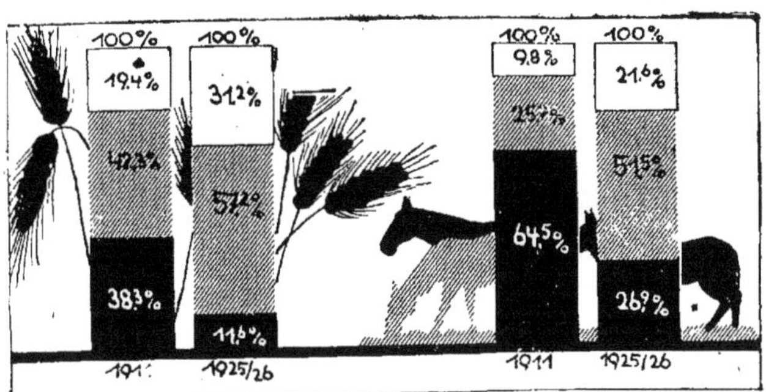

30

Composition sociale des membres dans les coopératives de crédit

D'après la superficie cultivée :

		1911	1925/26
▭	jusqu'à 2 déciatines	19,4 %	31,2 %
▨	jusqu'à 8 déciatines	42,3 %	57,2 %
■	plus de 8 déciatines	38,3 %	11,6 %

D'après le nombre de bêtes de trait :

		1911	1925/26
▭	sans cheval	9,8 %	21,6 %
▨	un cheval	25,7 %	51,5 %
■	plus d'un cheval	64,5 %	26,9 %

N° 31

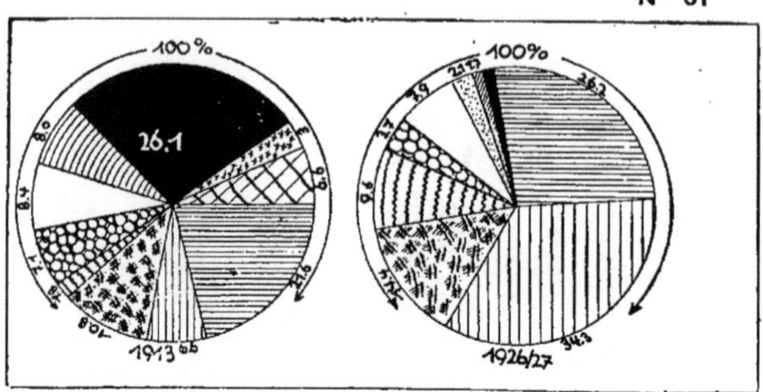

31

A quoi sont employées les sommes avancées par les coopératives de crédit

Pour :

- Maisons d'habitation.
- Achat et location de terrain en 1913 (26,1 %).
- Salaires ouvriers.
- Aide financière aux petits commerçants.
- Bêtes de trait.
- Machines et outillage agricole.

- Achats de semences et cultures diverses.
- Elevage.
- Travaux d'artisanat.
- Divers.

- Travaux de remembrement et amélioration du sol.
- Industrie agricole.
- Location de terrains en 1926/27 (0,1 %).
- Bêtes de trait.
- Location et entretien de machines agricoles et de trieurs et machines à vanner le blé.
- Achats de semences, culture des terres et engrangement des céréales.
- Elevage.
- Travaux d'artisanat.
- Divers.

N° 32

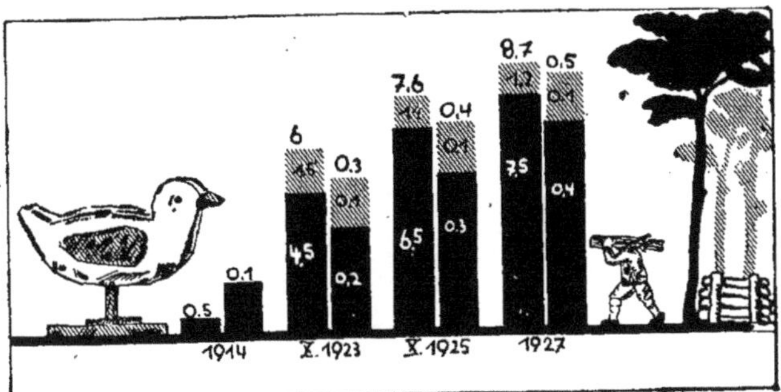

32

Coopératives d'artisanat et de sylviculture

Nombre des organisations (en milliers) [premier bloc]
Effectifs (en millions) [second bloc]

Coopératives d'artisanat.

Coopératives de sylviculture.

N° 33

9.3
1.1
16.1
2.3
24.0
5.0
27.1
7.8
1914
X.1923
X.1925
1927

33

Les coopératives de consommation

Nombre de coopératives (en milliers).
Nombre de coopérateurs (en millions).

N° 34

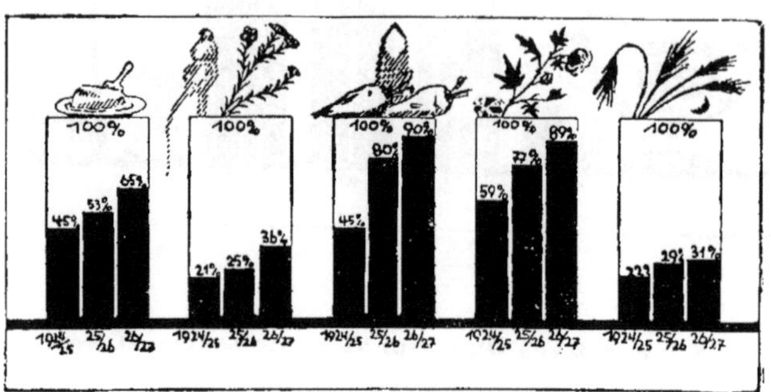

34

Part des coopératives agricoles dans le rassemblement systématique des produits agricoles dans l'U.R.S.S.

(en %)

Beurre.
Lin.
Betterave à sucre.
Coton.
Céréales.

Remarque : Les chiffres pour 1926/27 sont provisoires.

N° 35

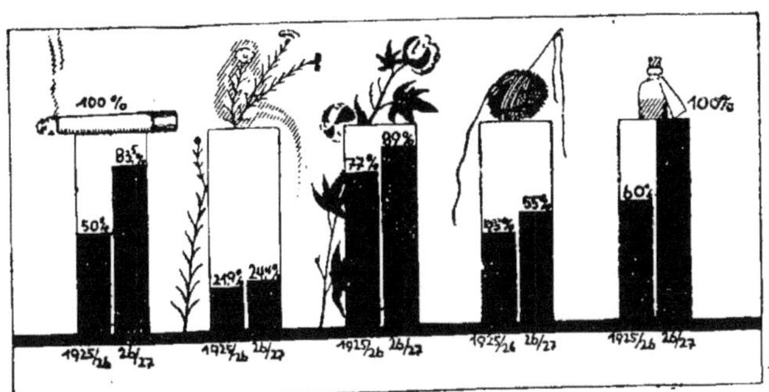

35

Part des coopératives agricoles dans l'approvisionnement en matières premières de l'industrie d'Etat de l'U.R.S.S.

(en %)

Tabac.
Lin.
Coton.
Laine.
Semences de ricin.

Remarque : Les chiffres pour 1926/27 sont provisoires.

N° 36

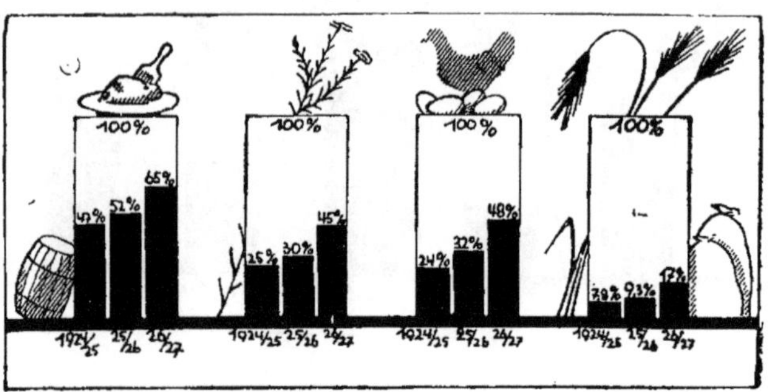

36

Part des coopératives agricoles dans l'exportation des produits agricoles de l'U.R.S.S.

(en %)

Beurre.
Lin.
Œufs.
Céréales.

Remarque : Les chiffres pour 1926/27 sont provisoires.

Les soviets et la paysannerie

1. *La structure du pouvoir soviétique à la campagne* (Diagramme N° 37).

2. *La structure du pouvoir soviétique dans les républiques fédératives et dans l'Union soviétique* (Diagramme N° 38).

3. *Participation de la paysannerie aux élections des organes gouvernementaux* (Diagrammes N°s 39 et 40).

4. *La composition sociale des soviets de village dans l'U.R.S.S.* en 1927 (Diagramme N° 41).

5. *Etat de fortune des paysans élus aux soviets de village de la R.S.F.S.R* (Diagramme N° 42).

6. *Nombre croissant des femmes dans les soviets de village de la R.S.F.S.R.* (Diagramme N° 43).

7. *Nombre croissant des femmes dans les comités exécutifs cantonaux de la R.S.F.S.R.* (Diagramme N° 44).

8. *Nomination de paysans aux postes dirigeants de l'appareil soviétique* (Diagrammes N°s 45, 46, 47 et 48).

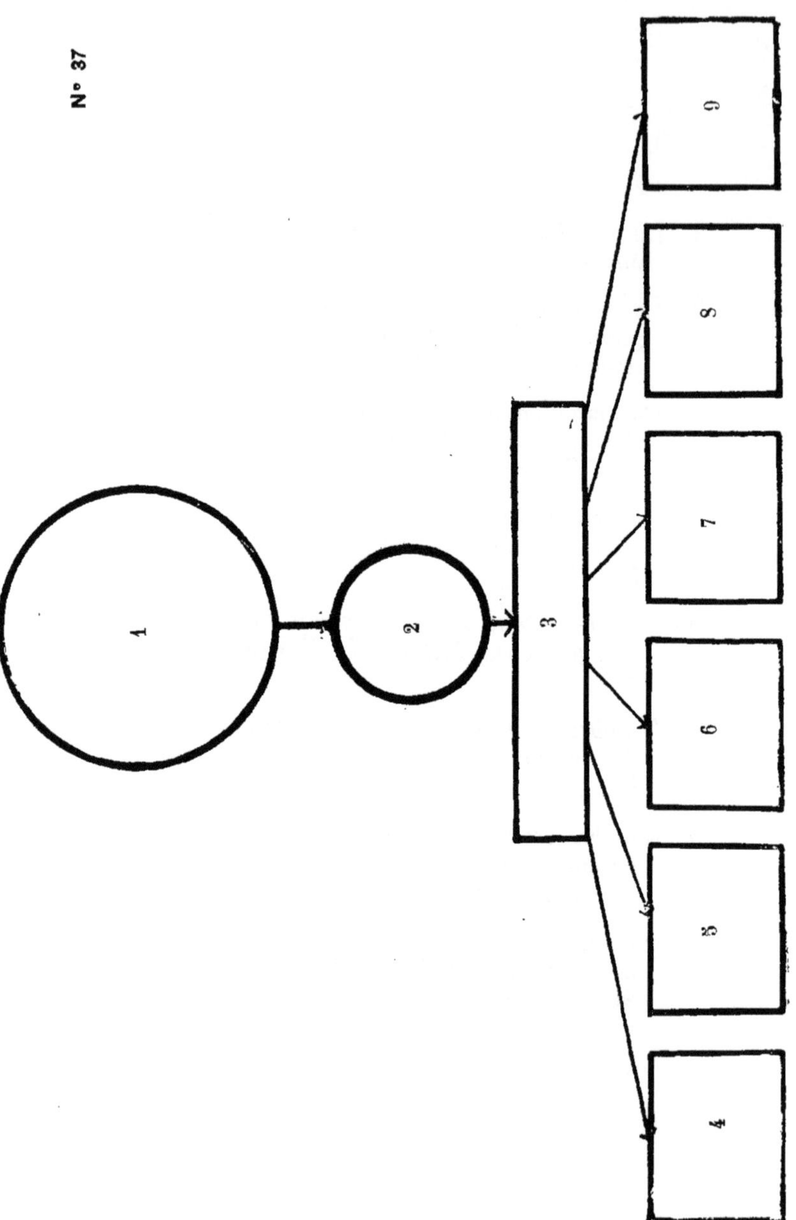
N° 37
1
2
3
4
5
6
7
8
9

37

La structure du pouvoir soviétique à la campagne

1

Réunion générale des électeurs du village

2

Le soviet de village

3

Le presidium du soviet de village

4	5	6	7	8	9
Commission agraire	Commission des finances et des impôts	Commission pour l'instruction et le développement culturel	Commission communale	Commission pour le commerce et les coopératives	Commission administrative

N° 38

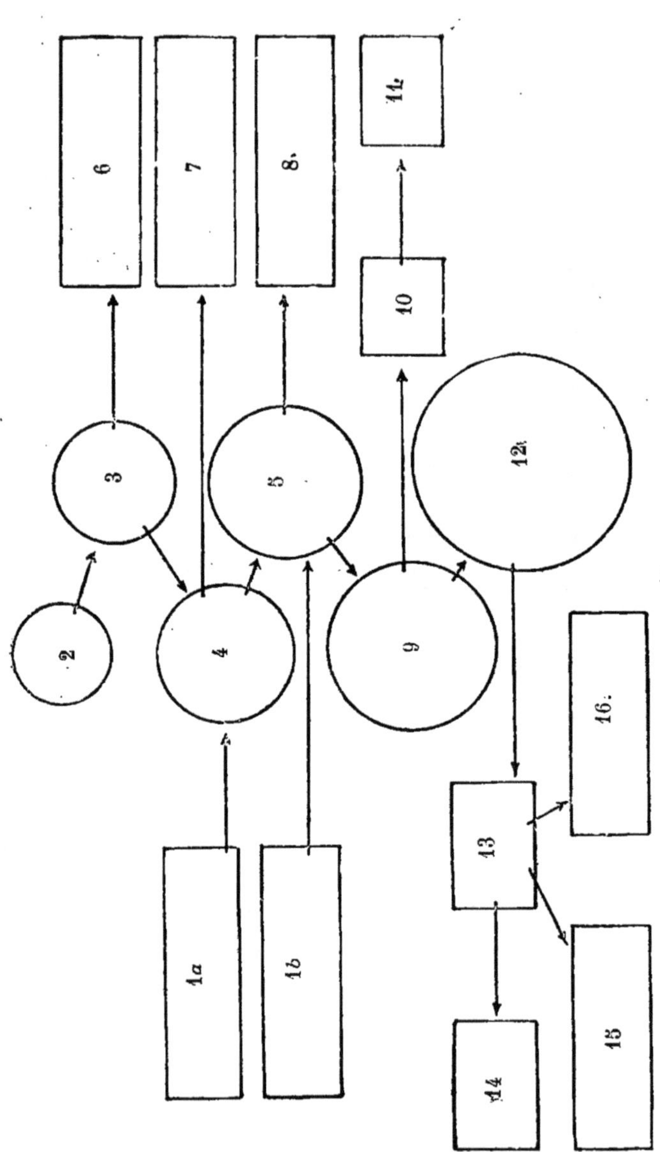

38

La structure du pouvoir soviétique dans les républiques fédératives et dans l'Union soviétique

1*a* Les soviets de village

1*b* Les soviets de ville

2 Réunion générale des électeurs de village

3 Le congrès des soviets cantonal (volost)[1]

4 Le congrès des soviets de district

5 Le congrès des soviets de province

6 Comité Exécutif cantonal (volost)[1]

7 Comité Exécutif de district

8 Comité Exécutif de province

9 Le congrès des soviets de la République

10 Comité Central Exécutif de la République

11 Conseil des Commissaires du Peuple de la République

12 Le congrès des soviets de l'Union

13 Comité Central Exécutif de l'Union soviétique

14 Conseil des Commissaires du Peuple de l'Union Soviétique

15 Conseil de l'Union

16 Conseil des Nationalités

1. Un « volost » est une agglomération de plusieurs villages.

N° 39

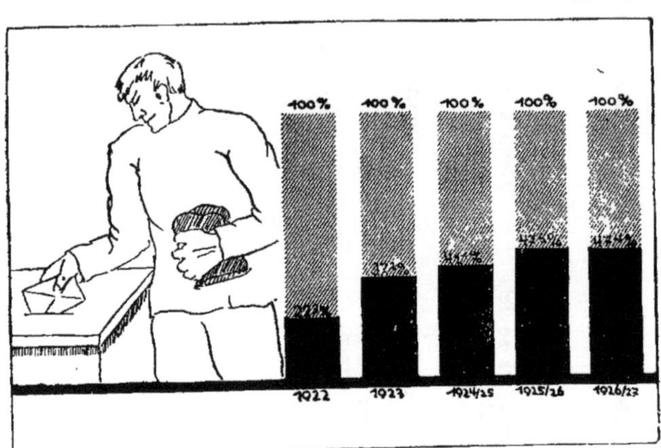

Participation de la paysannerie aux élections des organes gouvernementaux

39

La progression de la participation des paysans de la R.S.F.S.R. aux élections des Soviets

(Pourcentage par rapport au nombre total des électeurs)

N° 40

40

La progression de la participation des paysannes de la R.S.F.S.R. aux élections des Soviets

(Pourcentage par rapport au nombre total des électeurs)

N° 41

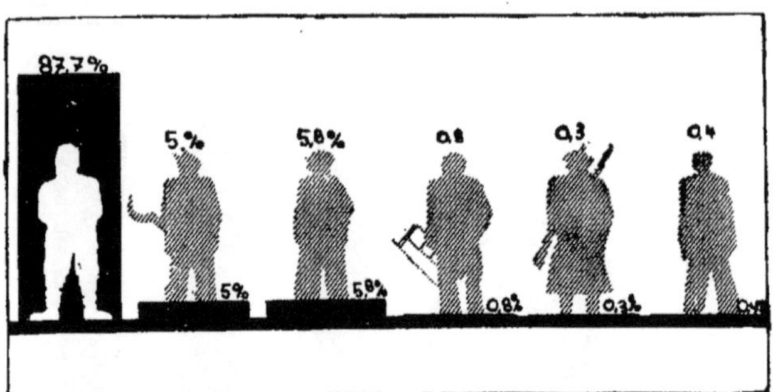

41

La composition sociale des soviets de village dans l'U. R. S. S. en 1927.

(en %)

Paysans.
Ouvriers agricoles et autres ouvriers.
Instituteurs, agronomes et autres employés.
Artisans et ouvriers de l'industrie domestique.
Soldats de l'Armée Rouge.
Divers.

N° 42

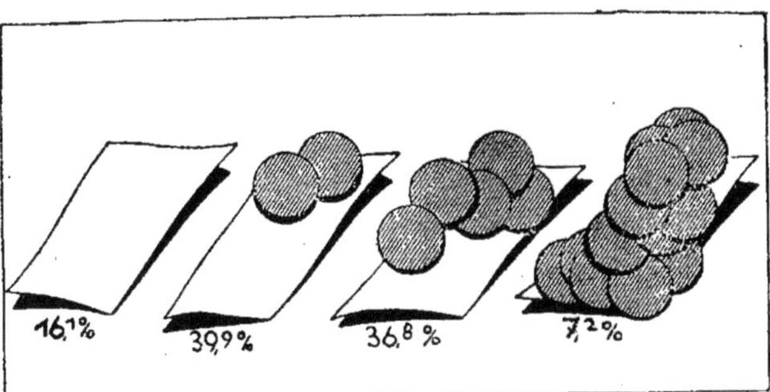

42

État de fortune des paysans élus aux soviets de village de la R. S. F. S. R. en 1927.

(en %)

Catégorie des paysans exemptés d'impôts.
Payant jusqu'à 2 roubles par an.
Payant de 2 à 10 roubles par an.
Payant plus de 10 roubles par an.

N° 43

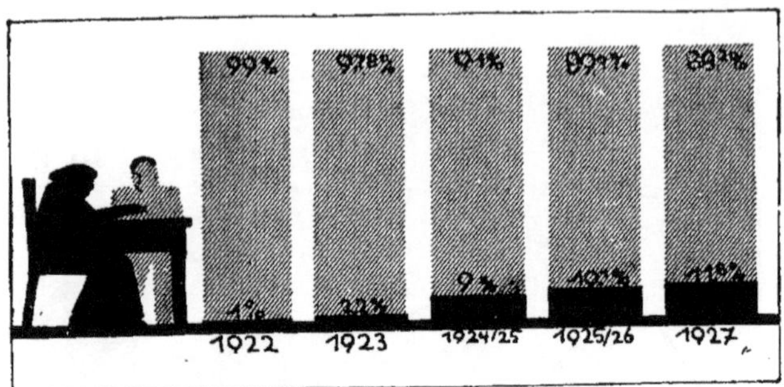

43

Nombre croissant des femmes dans les soviets de village de la R. S. F. S. R.

(Pourcentage par rapport au nombre total des membres des soviets).

Femmes.
Hommes.

N° 44

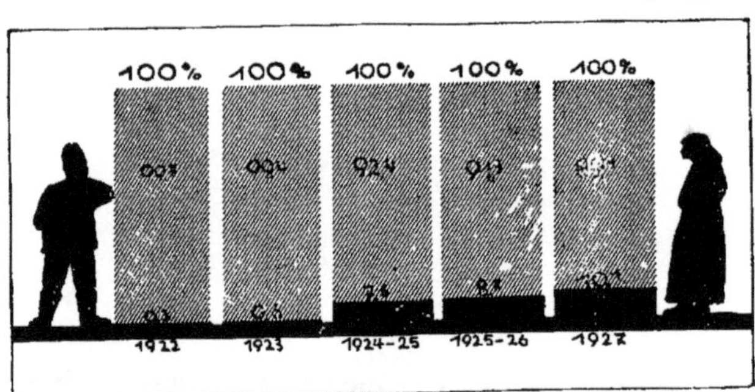

44

Nombre croissant des femmes dans les comités exécutifs cantonnaux de la R. S. F. S. R.

(Pourcentage par rapport au nombre total des membres des comités exécutifs).

Femmes.
Hommes.

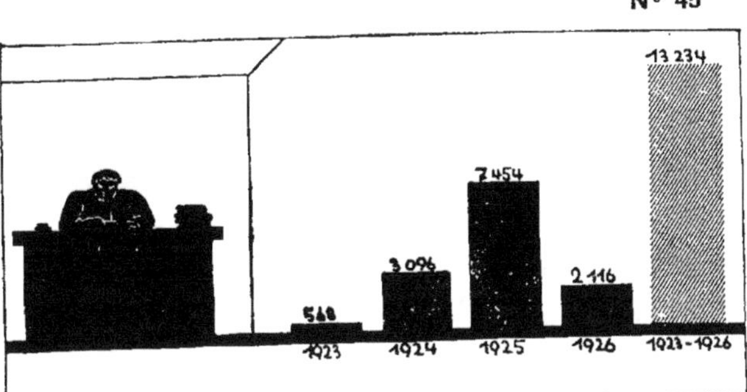

Nomination de paysans aux postes dirigeants de l'appareil soviétique

45

Nombre croissant des promus aux postes dirigeants.

■ Nombre des promus aux postes dirigeants.
▨ Somme globale.

N° 46

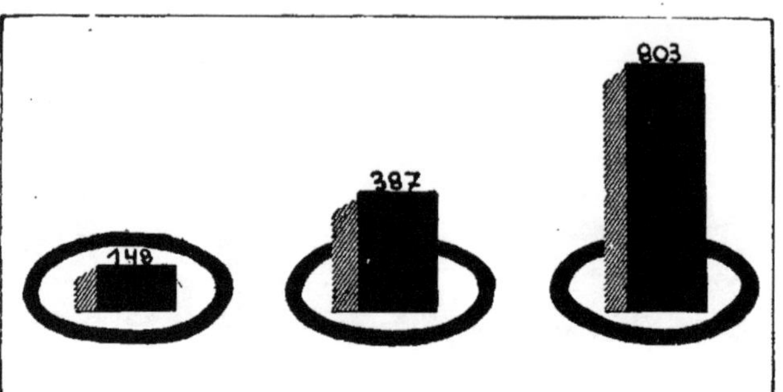

46

Fonctions des promus

(D'après les données concernant 14 provinces de la R. S. F. S. R.)

Dans les provinces et républiques.
Dans les districts.
Dans les cantons.

Remarque : Les chiffres indiquent le nombre des paysans nommés aux postes dirigeants.

N° 47

47

Etat de fortune des paysans promus.

(D'après les données concernant 9 provinces de la R. S. F. S. R.)

Petits paysans.

Paysans moyens.

Paysans aisés.

48

Situation sociale des promus.

(D'après les données concernant 22 provinces de la R. S. F. S. R.)

Paysans
Ouvriers
Employés

La solution du problème des nationalités

1. *Croissance du nombre des autonomies nationales dans l'U.R.S.S.* (Diagramme N° 49).

2. *Schéma des républiques et territoires autonomes de l'U.R.S.S.* (Diagramme N° 50).

3. *Pourcentage de la population paysanne dans l'U.R.S.S. et dans les territoires autonomes* Diagramme N° 51).

4. *Accroissement du nombre des soviets nationaux de village dans la R.S.S. ukrainienne* (Diagramme N° 52).

5. *Les soviets nationaux des différentes minorités nationales dans la R.S.S. ukrainienne en* 1927 (Diagramme N° 53).

6. *Nombre des élèves des écoles nationales de la R.S.F.S.R.* (Diagramme N° 54).

7. *Nombre des écoles nationales de la R.S.F.S.R.* (Diagramme N° 55).

8. *Augmentation du pourcentage des enfants des petites nationalités dans les écoles de la R.S.S.F.R.* (Diagramme N° 56).

9. *Augmentation du pourcentage de la population adulte des minorités nationales dans les institutions culturelles de la R.S.F.S.R.* (Diagramme N° 57).

10. *Accroissement des dépenses pour l'instruction publique dans la R. S. S. d'Ukraine* (Diagramme N° 58).

11. *Accroissement des dépenses pour l'instruction publique dans la R.S.S. d'Ouzbekistan* (Diagramme N° 59).

12. *Accroissement des dépenses pour l'instruction publique dans la R.S.S. d'Azerbeidjan* (Diagramme N° 60).

13. *Accroissement des dépenses pour l'instruction publique dans la R.S.F.S.R.* (Diagramme N° 61).

14. *Littérature pour les minorités nationales. — Accroissement de la production de la Librairie Centrale des Peuples de l'U.R.S.S.* (Diagrammes N°s 62, 63, 64 et 65).

15. *Journaux paysans des minorités nationales* (Diagramme N° 66).

16. *Accroissement des dépenses de la R.S.F.S.R. pour l'hygiène* (Diagramme N° 67).

17. *Accroissement des dépenses de la R.S.S. d'Azerbeidjan pour l'hygiène* (Diagramme N° 68).

18. *L'intensification de l'industrie dans la R.S.S. d'Ouzbekistan* (Diagramme N° 69).

19. *L'aide financière budgétaire de l'Union de* 1925/26 *aux républiques nationales en* 1925-1926 (Diagramme N° 70).

N° 49

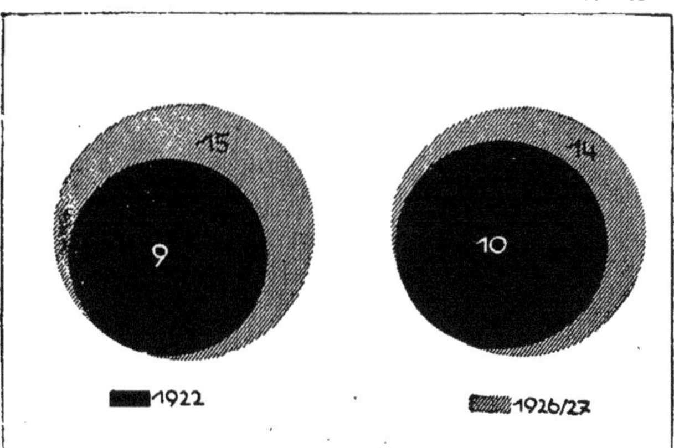

49

Croissance du nombre des autonomies nationales dans l'U.R.S.S.

Premier cercle (à gauche) : Nombre des républiques autonomes.

Deuxième cercle (à droite) : Nombre des territoires autonomes.

N° 50

CCCP
I
II
III
IV
V
VI
1
2
3
4
5
6
7
8
9
10
11
12
13
14
15
16
17
18
19
20
21
22
23
24
25
26
27
28
29
30
31
32
33

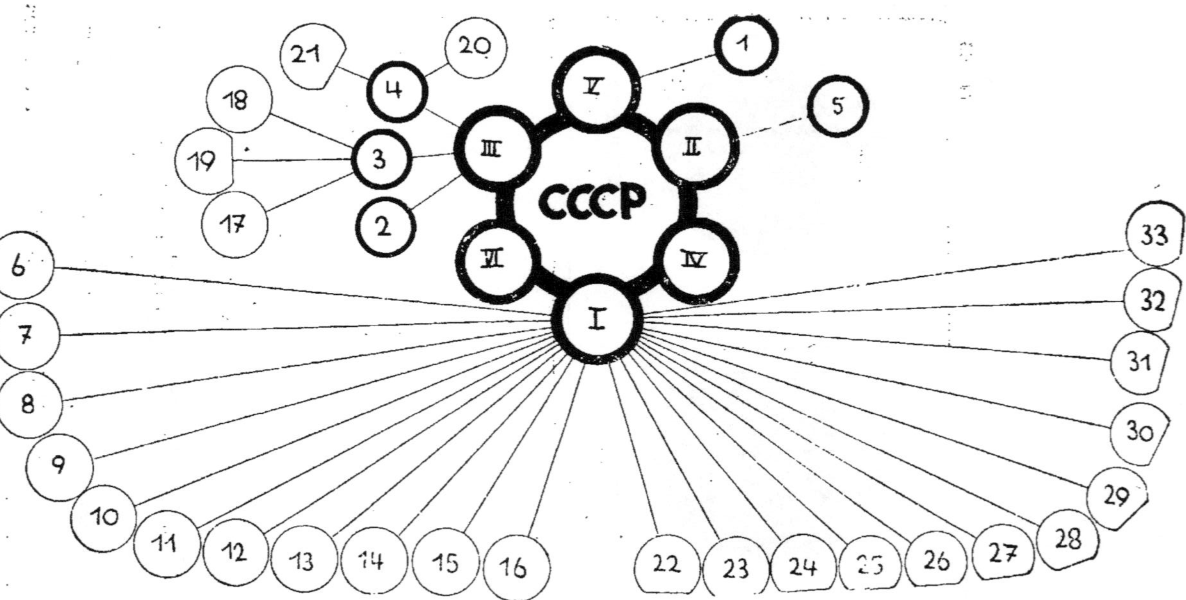

U. R. S. S.

I. Répub. Soviét. Fédér. Soc. de Russie (R.S.F.S.R.).
II. R. S. S. d'Ukraine.
III. R. S. S. de Transcaucasie.
IV. R. S. S. de Russie Blanche.
V. R. S. S. d'Ouzbekistan.
VI. R. S. S. du Turkménistan.

1. R.S.S. autonome des Tadjiks.
2. R.S.S. d'Arménie.
3. R.S.S. de Géorgie.
4. R.S.S. d'Azerbeidjan.
5. R.S.S. de Moldavie.
6. R.S.S. de Kasakstan.
7. R.S.S. des Bouriates-Mongols.
8. R.S.S. du Daghestan.
9. R.S.S. de Crimée.
10. R.S.S. allemande (Volga).
11. R.S.S. de Tchouvachie.
12. R.S.S. de Kirghizie.
13. R.S.S. de Tatarie.
14. R.S.S. de Carélie.
15. R.S.S. de Bachkirie.
16. R.S.S. de Iakoutie.
17. R.S.S. d'Abkhasie.
18. R.S.S. d'Adjarie.
19. Territoire autonome de l'Ossétie méridionale.
20. R.S.S. autonome de Nakhitchevane.
21. Territoire autonome des Monts Karaïmes.
22. Territoire autonome des Karakolpaks.
23. Territoire autonome d'Oïratie.
24. Territoire autonome des Komis.
25. Territoire autonome des Votiaks.
26. Territoire autonome de Kabardinie-Balkar.
27. Territoire autonome de Karatchaï.
28. Territoire autonome des Tchétchènes.
29. Territoire autonome de l'Ossétie septentrionale.
30. Territoire autonome des Ingouches.
31. Territoire autonome d'Adyghei.
32. Territoire autonome des Mari.
33. Territoire autonome des Kalmouks.

N° 51

51

Pourcentage de la population paysanne dans l'U.R.S.S. (cercle de gauche) et dans les territoires autonomes (cercle de droite)

(en %)

Population rurale.

Population urbaine.

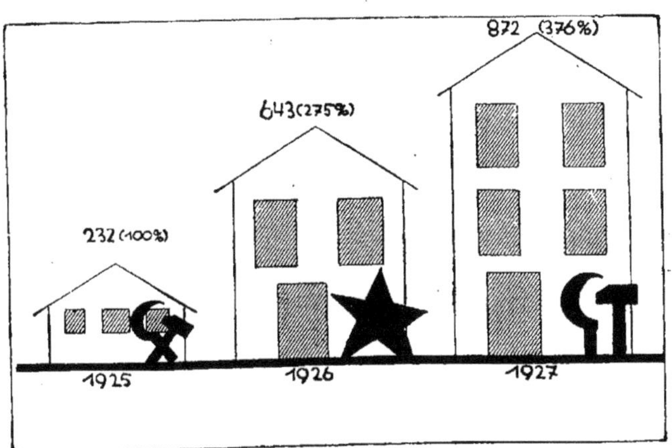

52

Accroissement du nombre des soviets nationaux de village dans la R.S.S. d'Ukraine

N° 53

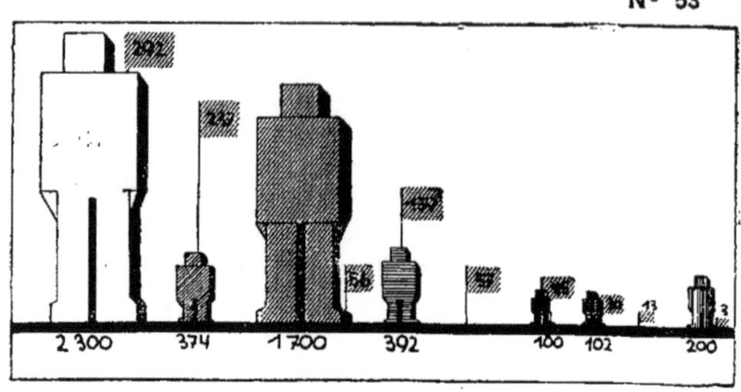

53

Les soviets nationaux des différentes minorités nationales dans la R.S.S. d'Ukraine en 1927

Nationalités	Population (en milliers)	Nombre des soviets nationaux
russe	2300	292
allemande	374	237
juive	1700	56
polonaise	392	139
moldave	—	57
bulgare	100	45
grecque	102	30
tchèque	—	13
autres minorités	200	3

N° 54

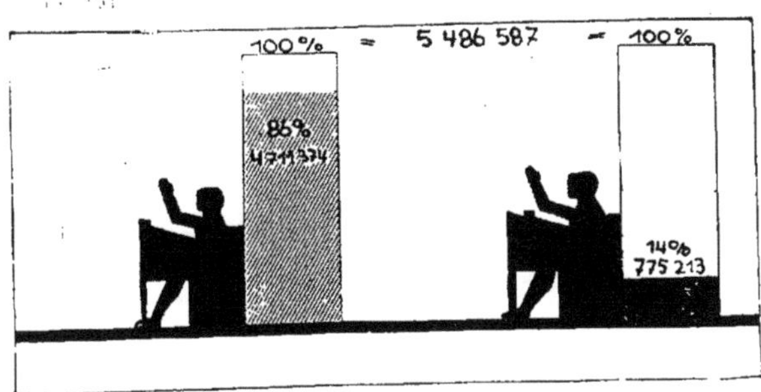

54

Nombre des élèves des écoles nationales de la R.S.F.S.R.
(au 1er décembre 1926)

Russes.
Minorités nationales.

N° 55

59021
(83.5%)
→70550←

55

Nombre des écoles nationales de la R.S.F.S.R.
(1er degré et selon la langue d'enseignement
au 1er décembre 1926)

Elèves des minorités nationales.
Elèves russes.

N° 56

56

Augmentation du pourcentage des enfants des petites nationalités dans les écoles de la R.S.F.S.R. (en moyenne)

(en %)

N° 57

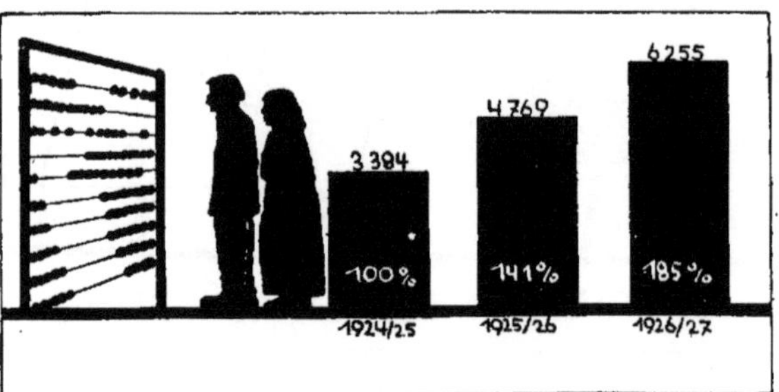

57

Augmentation du pourcentage de la population adulte des minorités nationales dans les institutions culturelles de la R.S.F.S.R.

Institutions culturelles et d'enseignement.

N° 58

66 000 000
100%
96 000 000
145%
120 000 000
182%
1924
1925
1926

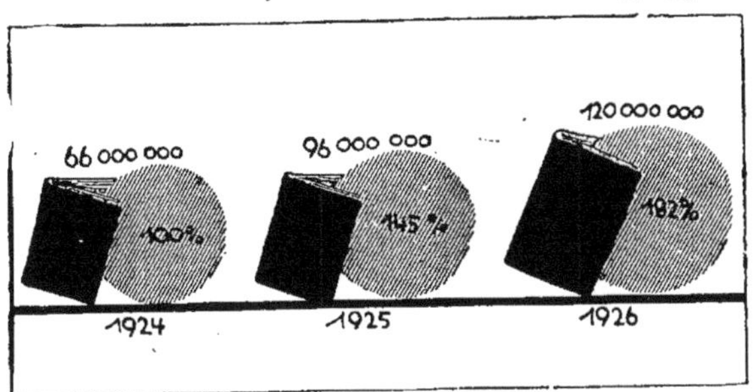

Accroissement des dépenses pour l'instruction publique

58

Dans la R.S.S. d'Ukraine

Dépenses en roubles et pourcentage.

N° 59

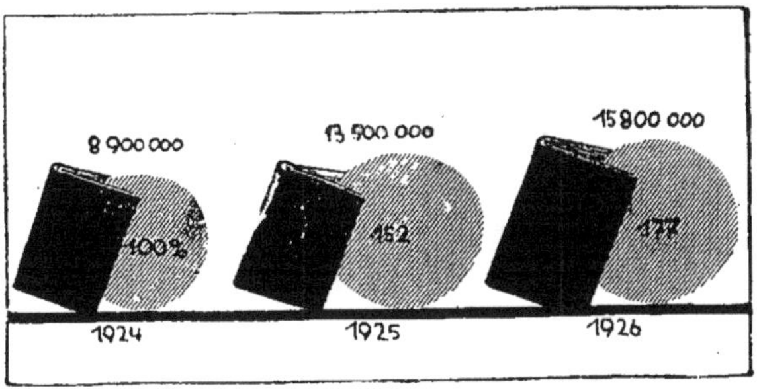

8 900 000
100%
13 500 000
152
15 800 000
177
1924
1925
1926

59

Dans la R.S.S. d'Ouzbékistan

Dépenses en roubles et pourcentage.

N° 60

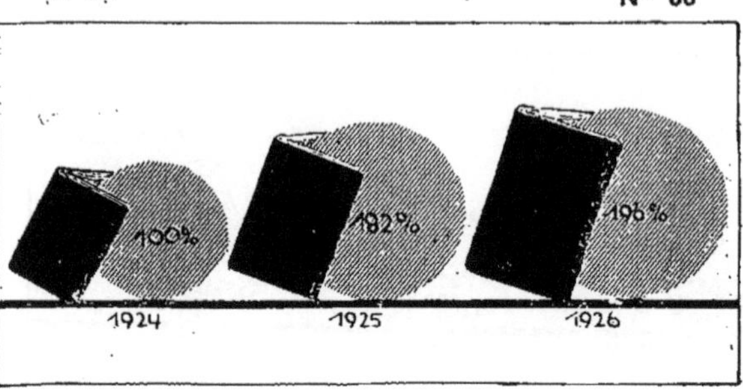

60

Dans la R.S.S. d'Azerbeidjan

(en %)

N° 61

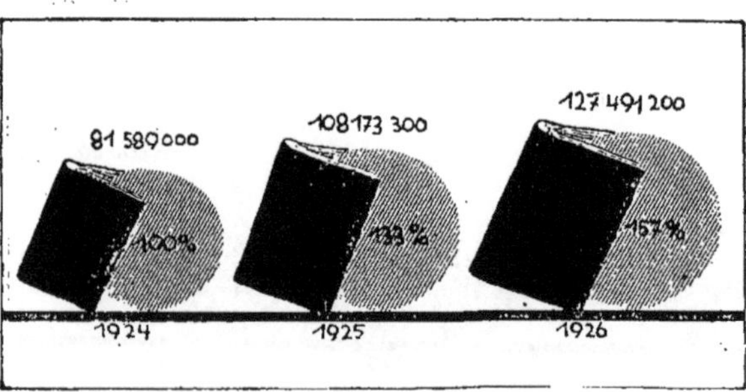

61

Dans la R.S.F.S.R.

Dépenses en roubles et pourcentage.

N° 62

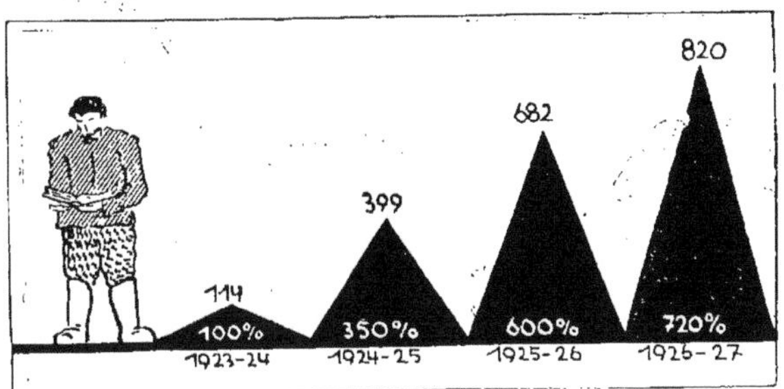

Littérature pour les minorités nationales

L'accroissement de la production de la « Librairie Centrale des Peuples » de l'U. R. S. S.

62

Nombre croissant des ouvrages parus et pourcentage

N° 63

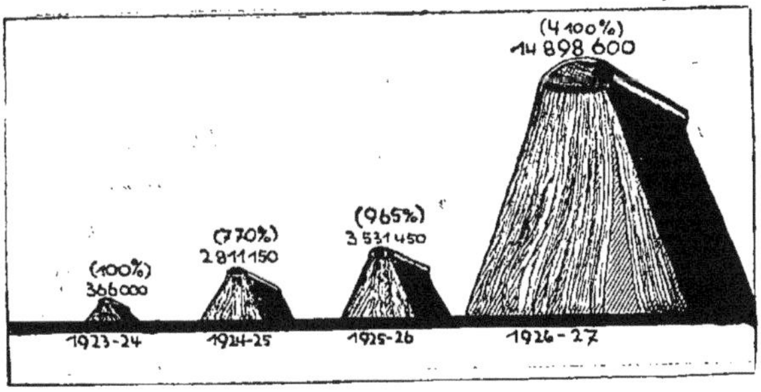

63

Nombre croissant des exemplaires édités et pourcentage

N° 64

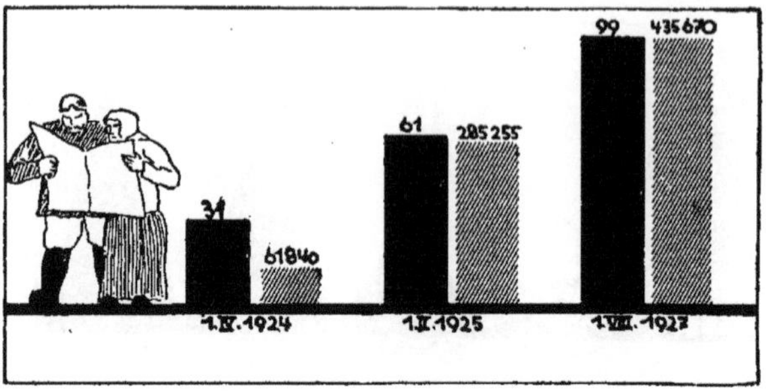

31
61840
61
285255
99
435670
1.IV.1924
1.I.1925
1.VIII.1927

L'activité de la librairie d'état ukrainienne

64

Nombre des ouvrages parus et pourcentage

N° 65

22 600 000
(707 %)
12 900 000
(403%)
3 200 000
(100 %)
1922
1925
1926

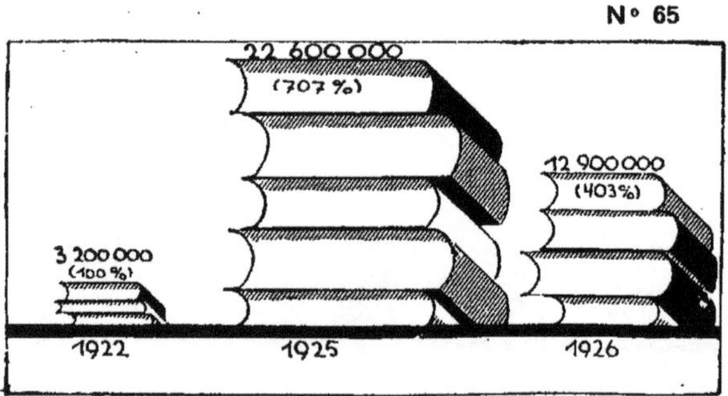

65

Nombre des exemplaires édités et pourcentage

N° 66

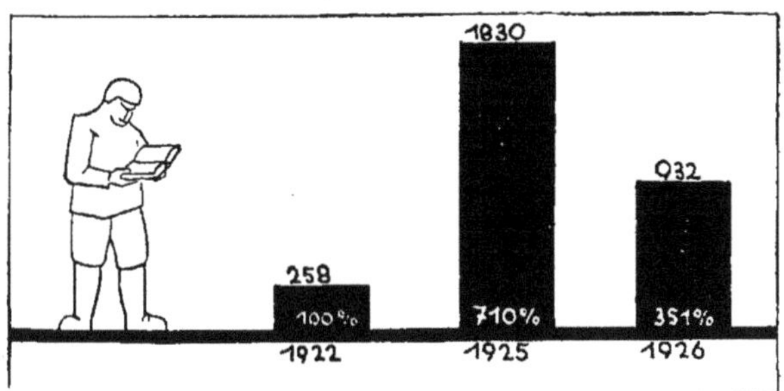

66

Les journaux paysans des minorités nationales

Nombre et tirage des journaux.

En outre, 35 revues avec un tirage de 250.000 exemplaires.

N° 67

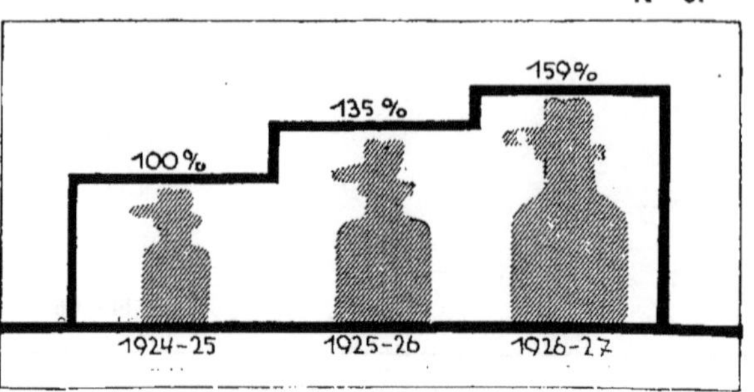

67

L'accroissement des dépenses pour l'hygiène dans la R.S.F.S.R.

(en %)

N° 68

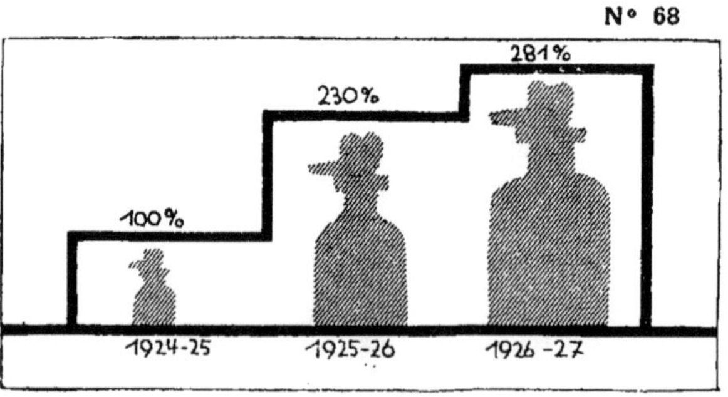

68

L'accroissement des dépenses pour l'hygiène dans la R.S.S. d'Azerbeidjan

(en %)

N° 69

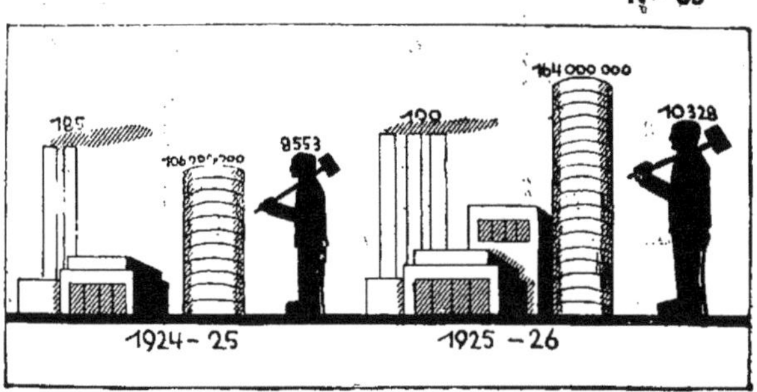

69

L'intensification de l'industrie dans la R.S.S. d'Ouzbékistan

Nombre des ouvriers et employés.
Production brute (en millions de roubles).
Nombre des ouvriers et employés.

N° 70

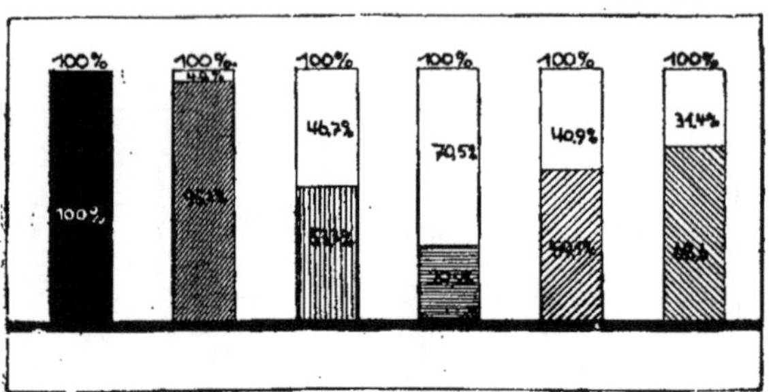

70

L'aide financière budgétaire de l'Union aux républiques nationales en 1925-26

- ▬ République Soviétique Fédérative Socialiste Russe.
- ▨ République Soviétique Socialiste Ukrainienne.
- ▥ République Soviétique Socialiste Transcaucasienne.
- ▤ République Soviétique Socialiste Turkmène.
- ▨ République Soviétique Socialiste Ouzbèke.
- ▧ République Soviétique Socialiste Blanc-russienne.
- ☐ Pourcentage des dépenses couvertes par le budget de l'Union.

L'activité culturelle

1. *Nombre des élèves dans les écoles de la Russie tsariste (sur le territoire de l'U.R.S.S.) et dans l'Union Soviétique* (Diagramme N° 71).

2. *La liquidation de l'analphabétisme parmi les paysans adultes* (Diagrammes N°s 72 et 73).

3. *Nombre des écoles primaires à la campagne* (Diagramme N° 74).

4. *Ecoles agricoles primaires dans l'U.R.S.S.* (Diagramme N° 75).

5. *Isbas-salles de lecture et Maisons du Paysan* (Diagrammes N°s 76 et 77).

6. *La presse paysanne* (Diagrammes N°s 78 et 79).

7. *L'hygiène et la santé* (Diagramme N° 80).

8. *Protection de la jeune génération* (Diagrammes N°s 81 et 82).

9. *Sanatoriums paysans* (Diagrammes N°s 83 et 84).

N° 71

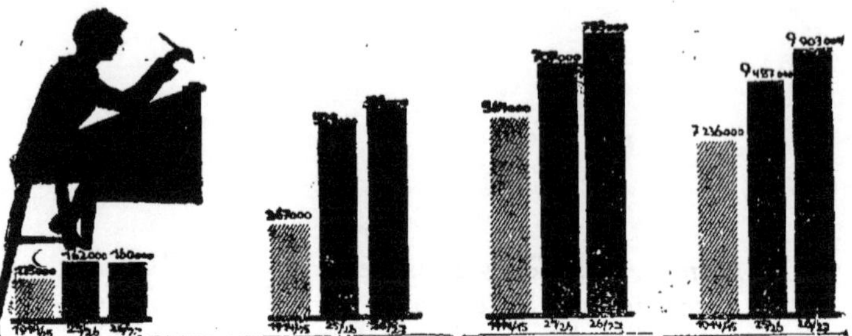

71

Nombre des élèves dans les écoles de la Russie tsariste (sur le territoire de l'U.R.S.S.) et dans l'Union soviétique

Universités, écoles supérieures, etc.
Ecoles professionnelles secondaires.
Enseignement secondaire.
Ecoles primaires.

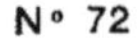

N° 73

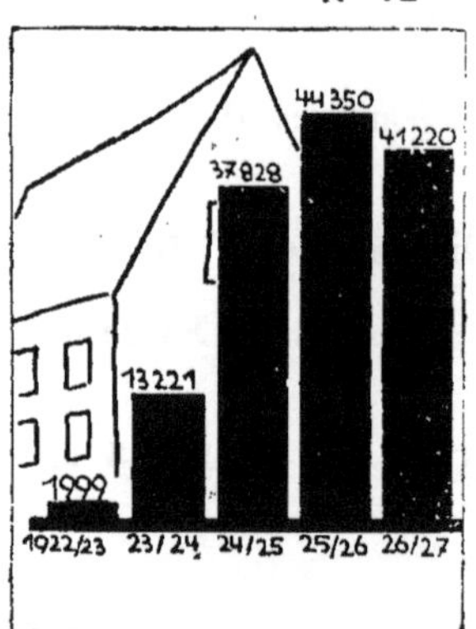

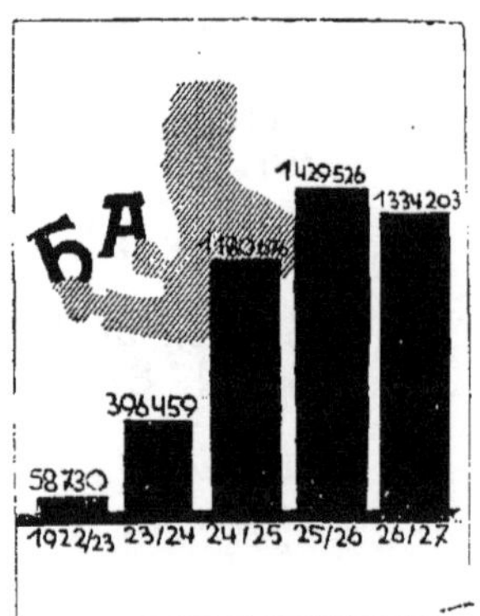

Liquidation de l'analphabétisme parmi les paysans adultes

72

Nombre des écoles.

73

Nombre des élèves.

N° 74

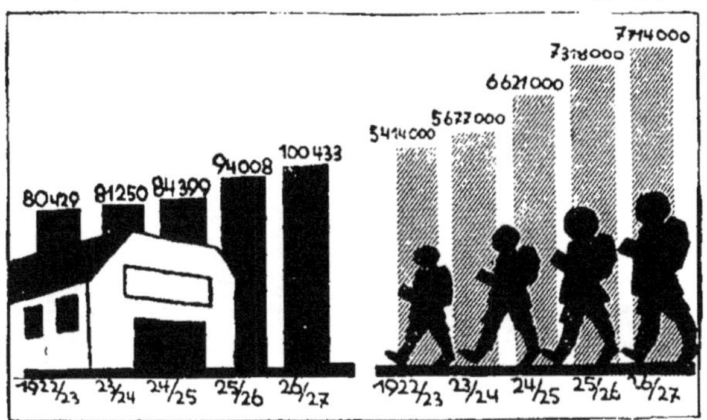

74

Nombre des écoles primaires à la campagne

Nombre des écoles.
Nombre des élèves.

N° 75

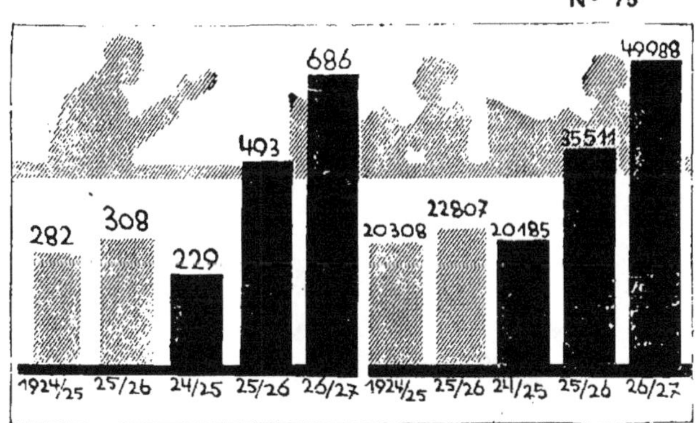

75

Écoles agricoles primaires dans l'U.R.S.S.

Ecoles professionnelles agricoles.
Ecoles de la jeunesse paysanne.

Partie gauche du diagramme : Nombre des écoles.
Partie droite du diagramme : Nombre des élèves.

N° 76

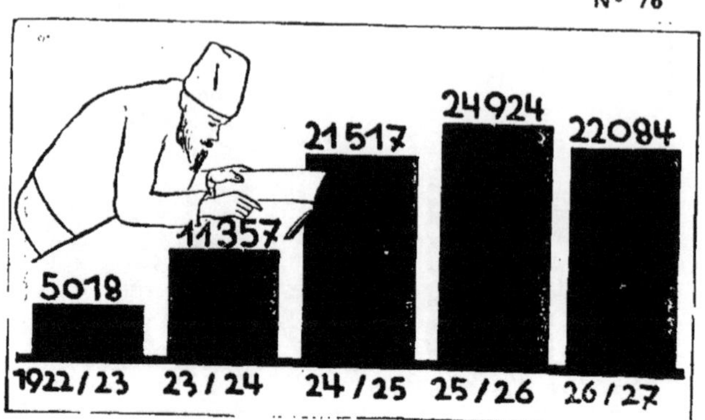

Isbas-salles de lecture et Maisons du paysan

76

Isbas de lecture

N° 77

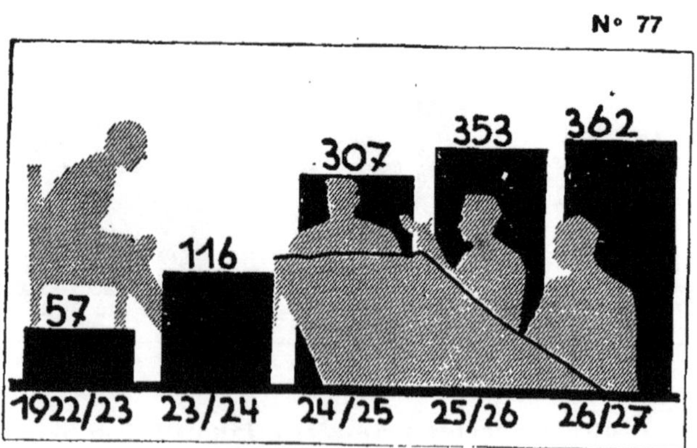

77

Maisons du paysan

N° 78

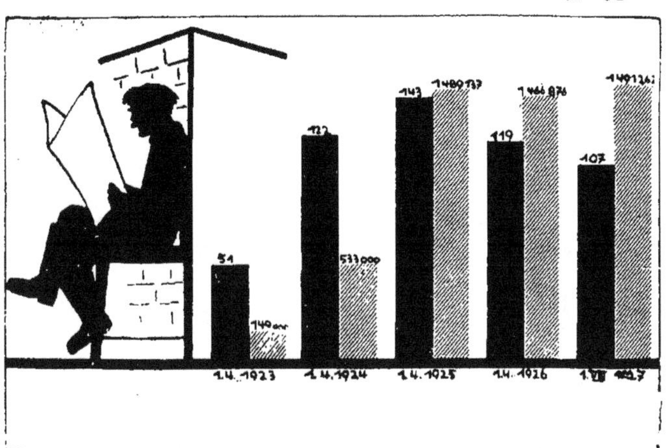

La presse paysanne

78

Les journaux paysans

Nombre des journaux.

Tirage.

N° 79

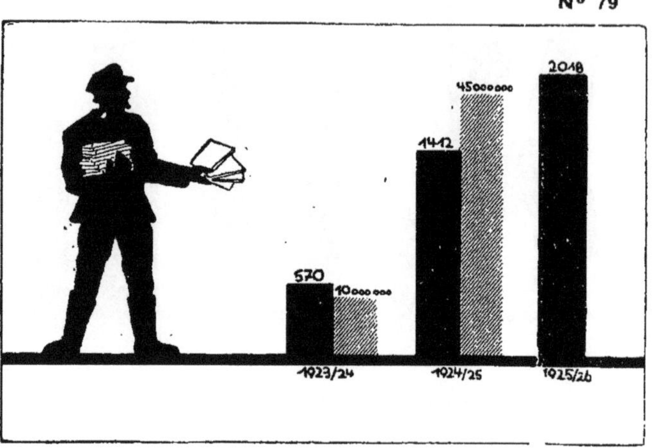

79

Livres et brochures pour les paysans

■ Nombre des publications.

▨ Tirage.

N° 80

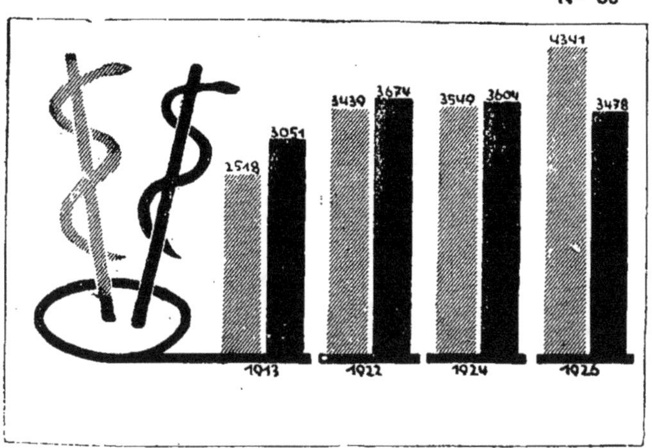

80

L'hygiène et la santé

Secours médicaux

Nombre des services médicaux sur le territoire de la R.S.F.S.R.

- Services médicaux.
- Services sanitaires.

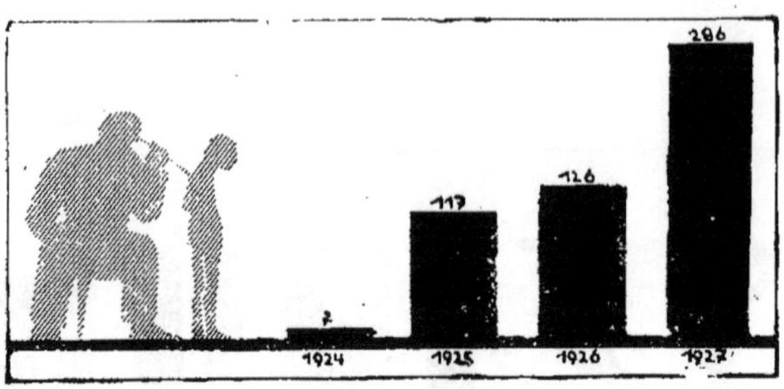

81

Protection de la jeune génération

Service de consultation pour enfants dans la R.S.F.S.R.

N° 82

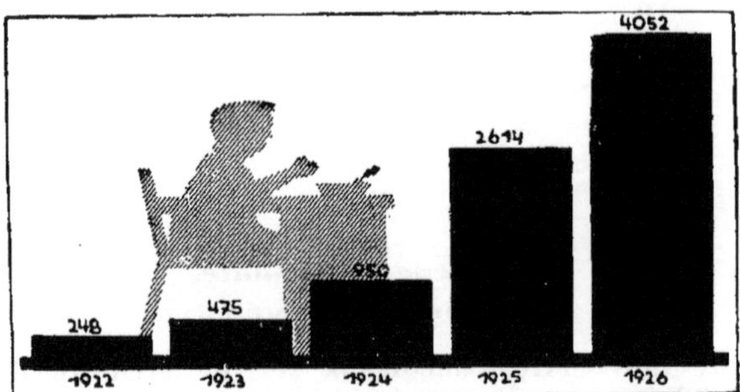

82

Crèches d'été dans l'U.R.S.S.

N° 83

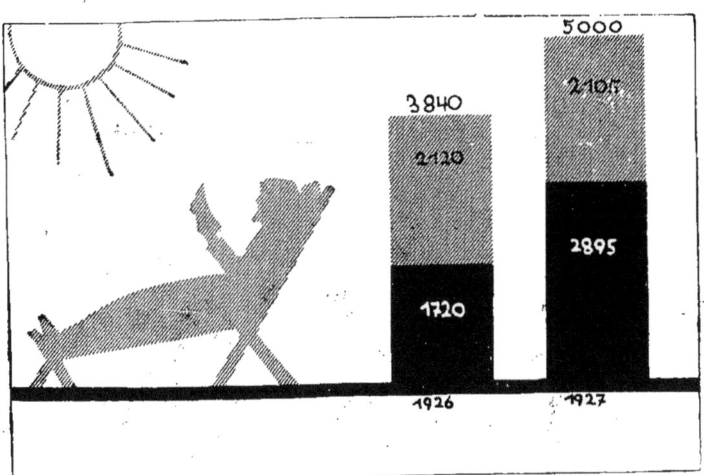

83

Sanatoriums paysans

(Le chiffre de 1927 est le nombre projeté)

■ Eté.
▨ Hiver.

N° 84

84

Dépenses pour les secours médicaux
(par tête d'habitant)

Les paysans dans la vie publique

1. *Les paysans dans les rangs du Parti Communiste, de la Jeunesse et des pionniers* (Diagrammes N°s 85, 86 et 87).

2. *Les paysans communistes dans les soviets de village* (Diagramme N° 88).

3. *Associations de mutualité paysanne* (Diagrammes N°s 89, 90, 91, 92 et 93).

4. *La paysannerie dans les associations publiques* (Diagrammes N°s 94 et 95).

5. *Les correspondants de village* (Diagramme N° 96).

6. *La participation des paysannes à la vie publique* (Diagrammes N°s 97 et 98).

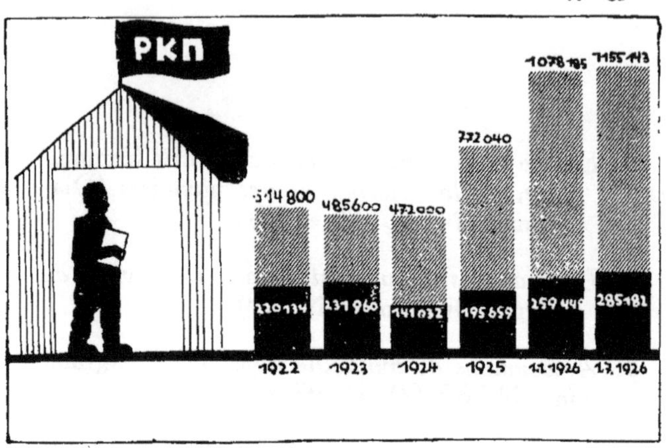

Les paysans dans les rangs du Parti Communiste, de la Jeunesse et des Pionniers

85

Le nombre croissant de paysans dans le Parti Communiste

▨ Nombre total des membres et candidats du Parti.

■ Nombre des paysans.

N° 86

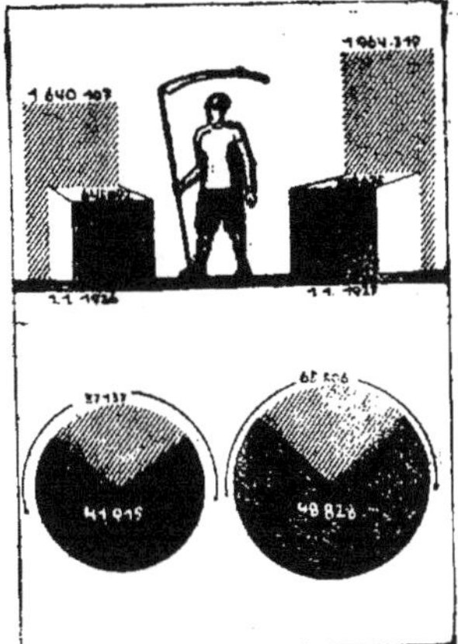

N° 87

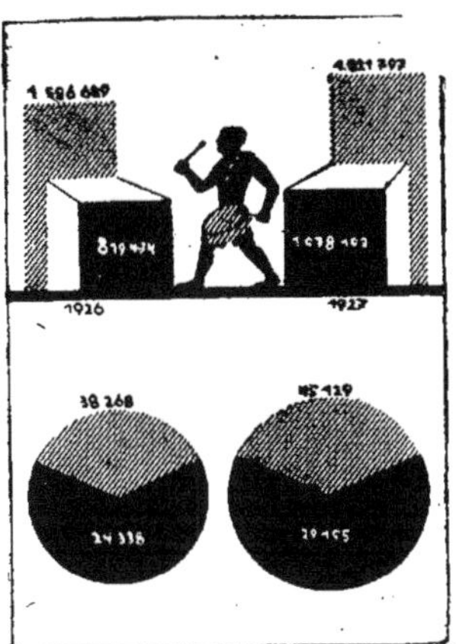

86

La jeunesse paysanne dans l'Union des Jeunesses de Lénine

- Nombre total des membres de l'Union des Jeunesses.
- Dont paysans travailleurs.
- Nombre total des cellules.
- Dont cellules de village.

87

Les enfants paysans dans les organisations des pionniers

- Nombre total des pionniers.
- Dont pionniers paysans.
- Nombre total des sections
- Dont sections à la campagne.

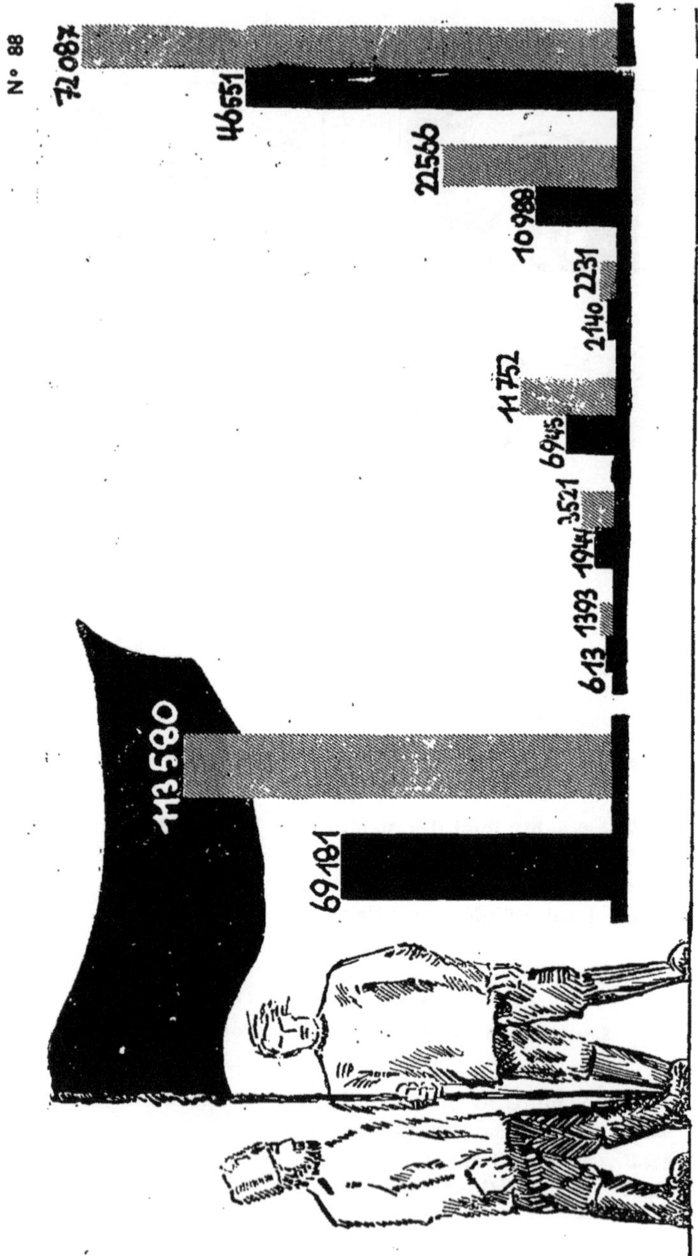
N° 88
72 087
46 651
22 566
10 988
2231
2140
11 752
6945
3521
1944
1393
613
113 580
69 181

88

Les paysans communistes dans les soviets de village

■ Membres et candidats du Parti Communiste.

▨ Membres et candidats de l'Union des Jeunesses.

Au 25 août 1927 (après les élections aux soviets), on comptait :

Dans toute l'U.R.S.S.	113.580 ou	8,7 %
	69.181	5, 3%
Dans la République Soviétique Socialiste du Turkestan	1.393	12,1 %
	613	5,3 %
Dans la République Soviétique Socialiste d'Ouzbékistan	3.521	11,5 %
	1.944	6,4 %
Dans la République Soviétique Fédérative de Transcaucasie.	11.752	15,8 %
	6.945	9,3 %
En Russie blanche............	2.231	9,3 %
	2.140	9,0 %
En Ukraine.	22.566	9,2 %
	10.988	4,5 %
Dans la R.S.F.S.R.	72.087	7,8 %
	46.551	5,1 %

N° 89

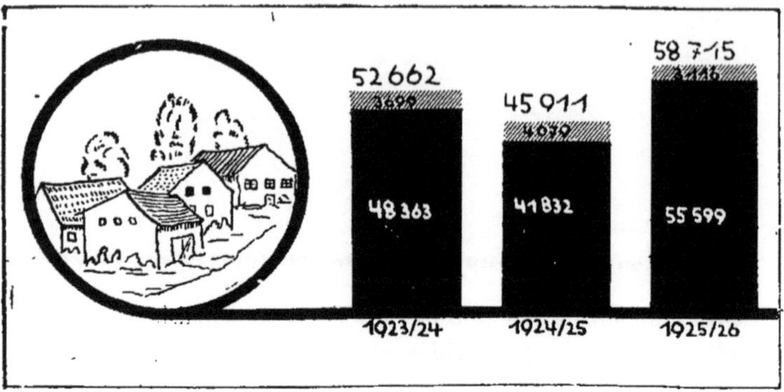

Associations de Mutualité Paysanne

89

Leur progression

Associations de village.
Associations de district.

N° 90

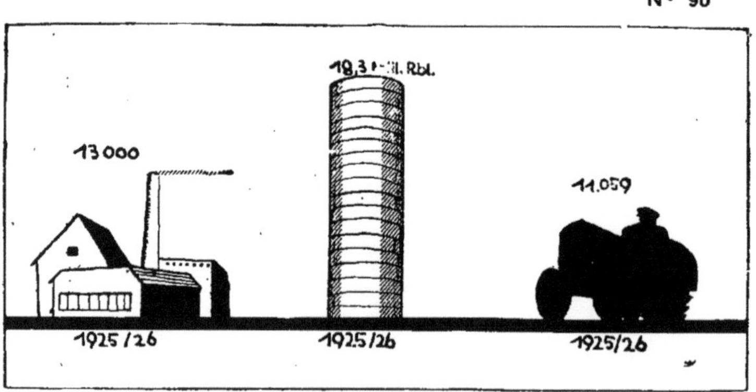

90

Leurs exploitations

Nombre de leurs exploitations.
Somme totale de leurs revenus.
Nombre de leurs machines (dont 1.117 tracteurs).

N° 91

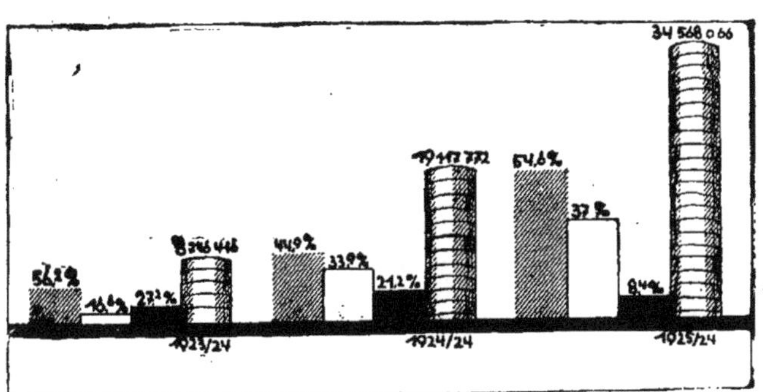

Leur budget

91

Leurs ressources

Somme globale (en roubles).
Aide de l'Etat (en %).
Crédits (en %).
Recettes propres (en %).

N° 92

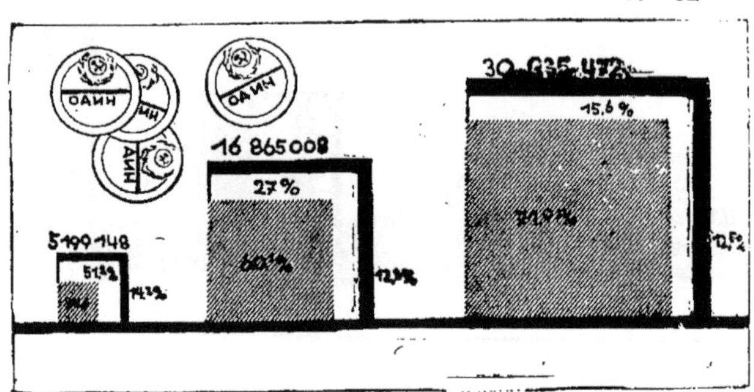

92

Dépenses de l'ensemble des Mutualités Paysannes

Somme globale (en roubles).
Pour l'organisation (en %).
Aide fournie (en %).
Dépenses économiques et diverses (en %).

N° 93

93

Nombre des économies ayant reçu des secours

N° 94

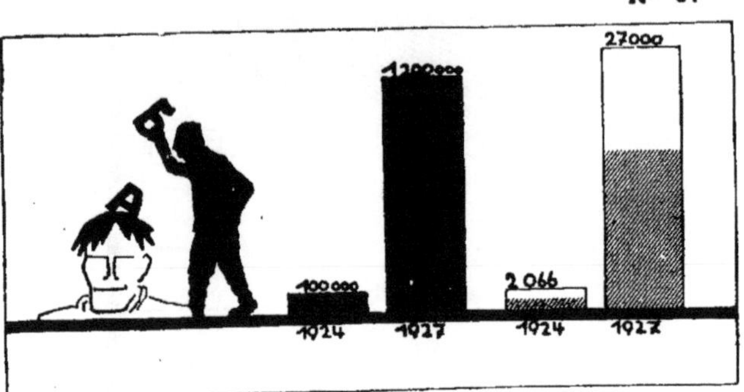

La paysannerie dans les associations publiques

94

Les paysans en lutte contre l'analphabétisme

(Association « A bas l'Analphabétisme »)

- ▬ Membres.
- ▨ Cellules.
- ▭ Dont 65 % de paysans.

N° 95

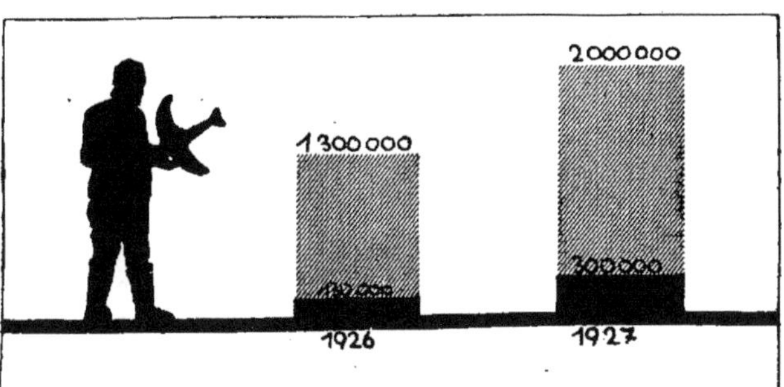

95

Les paysans dans la « Société d'Encouragement de l'Aviation et de la Chimie » (Aviachim)

▨ Nombre total des effectifs.

■ Dont effectifs paysans (10 %).

188.530 paysans ont pris une part active et désintéressée à la lutte de cette société contre les insectes ravageurs. 7.500 stations expérimentales ont été constituées.

N° 96

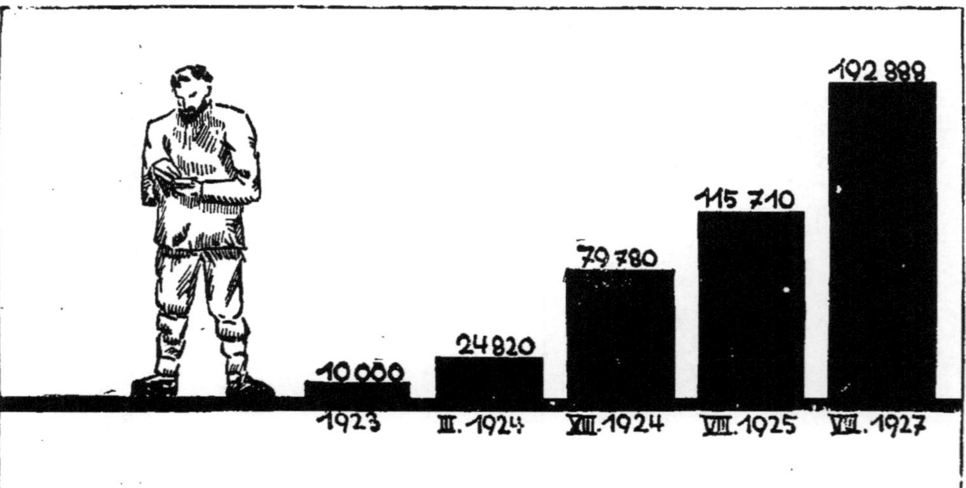

Les correspondants de village

96

Nombre des correspondants de village

N° 97

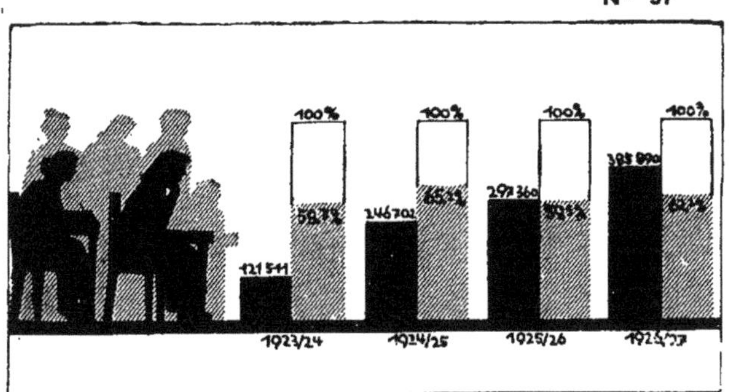

La participation des paysannes à la vie publique

97

Réunions des déléguées paysannes

Pourcentage par rapport à l'ensemble des femmes déléguées.
Nombre total des déléguées paysannes.

N° 98

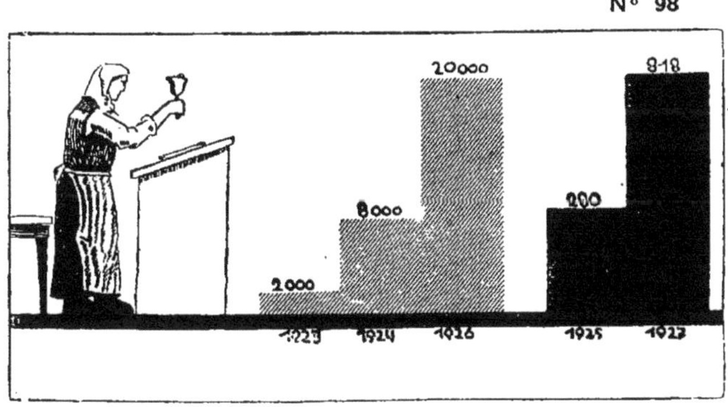

98

Les paysannes dans les comités de Mutualité paysanne

Membres.
Présidentes.

L'Armée Rouge

1. *La politique de paix de l'U.R.S.S.* (Diagrammes N°s 99, 100, 101 et 102).

2. *L'éducation culturelle dans l'Armée Rouge* (Diagrammes N°s 103, 104, 105 et 106).

3. *L'activité publique dans l'Armée Rouge* (Diagrammes N°s 107 et 108).

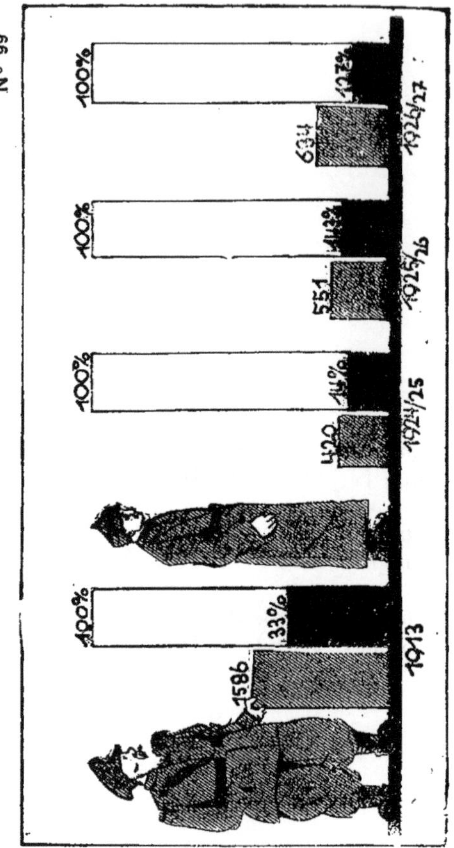

La politique de paix de l'U.R.S.S.

99

Les dépenses militaires de l'U. R. S. S.
ces dernières années

▨ Dépenses (en millions de roubles).
■ Pourcentage par rapport au budget total.

Le budget tsariste (1913) a été calculé d'après le cours actuel du rouble-or

N° 100

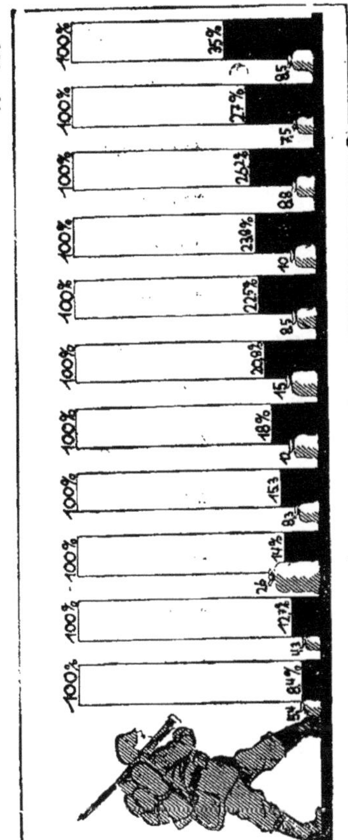

100

Comparaison des charges militaires des différents États

(En roubles par habitant)

■ Pourcentage par rapport aux dépenses totales de l'Etat.

N° 101

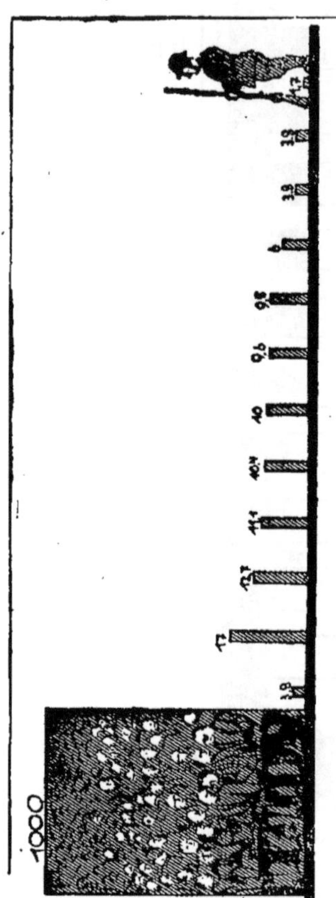

Allemagne.
Japon.
U.S.A.
Italie.
Finlande.
Roumanie.
Grande-Bretagne.
Pologne.
Lettonie.
Esthonie.
France.
U.R.S.S.

101

Nombre de soldats par mille habitants

N° 102

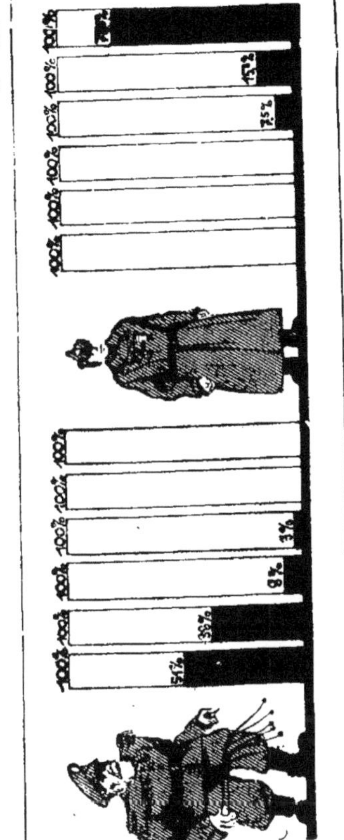

Nobles et grands propriétaires fonciers.
Bourgeoisie.
Gros paysans.
Divers[1].
Ouvriers.
Paysans.

1. Sous « divers » on comprenait, dans l'armée tsariste, les petits bourgeois, les fonctionnaires, les membres du clergé, etc. Dans l'Armée Rouge, on comprend sous ce terme les autres couches de la population laborieuse.

102

Composition sociale des cadres de l'armée tsariste et de l'Armée Rouge

N° 103

L'éducation culturelle dans l'Armée Rouge

103

Nombre des membres du Parti Communiste et de la Fédération des Jeunesses Communistes dans l'Armée Rouge

- (noir) Membres et candidats du Parti Communiste 13,6 %.
- (hachuré) Membres et candidats de la Fédération des Jeunesses Communistes 16,3 %.

Parmi les cadres :

- (noir) Membres du Parti, 49,7 %.
- (hachuré) Membres de la Fédération des Jeunesses Communistes, 3,8 %.

N° 104

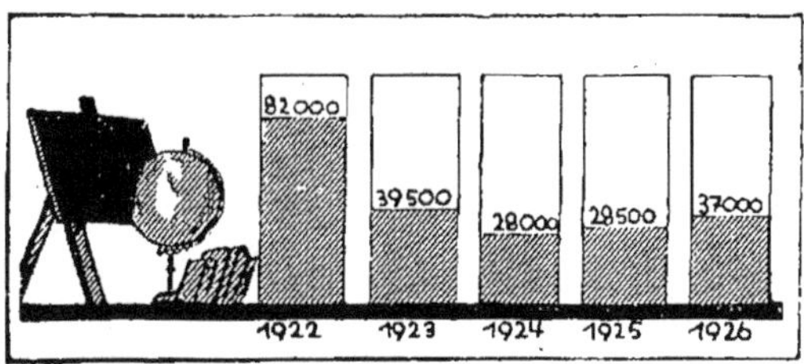

104

La liquidation de l'analphabétisme

▨ Nombre de soldats ayant reçu l'instruction élémentaire.

N° 105

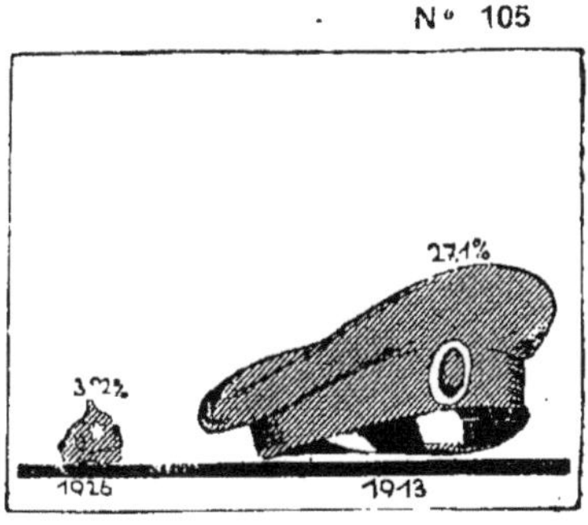

105

Pourcentage des illettrés dans l'Armée Rouge et dans l'armée tsariste

N° 106

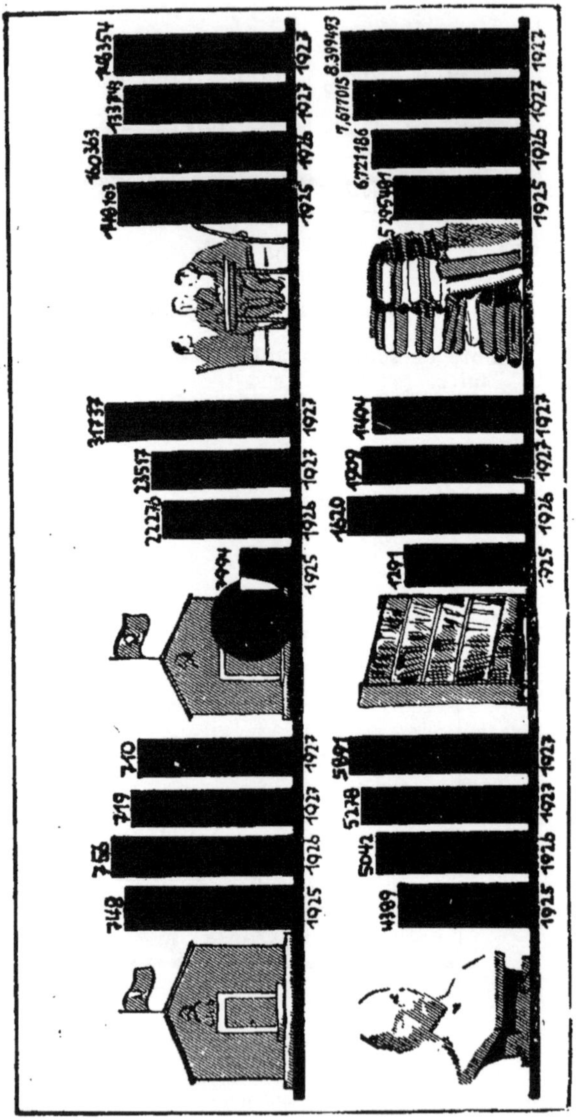

748 756 719 710
1925 1926 1927 1927

3994 22276 23517 31737
1925 1926 1927 1927

148103 160363 133743 143354
1925 1926 1927 1927

4389 5042 5278 5891
1925 1926 1927 1927

1291 1620 1909 1404
1925 1926 1927 1927

5295491 6721186 7,677015 8.399493
1925 1926 1927 1927

106

Institutions d'éducation culturelle

Clubs.
Cercles.
Participations aux cercles.
Coins de Lénine.
Bibliothèques.
Nombre d'ouvrages dans les bibliothèques.

Remarque : Le premier bloc de 1927 donne l'état au 1er janvier, le deuxième, l'état au 1er juillet

N° 107

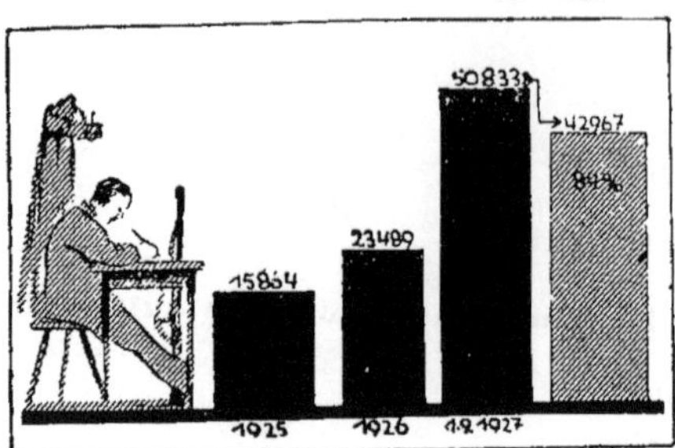

L'activité publique des soldats dans l'Armée Rouge

107

Nombre des soldats-correspondants

84 % sont des soldats non gradés.

Il y avait dans l'Armée Rouge, au 1er janvier 1927, 5.769 journaux muraux, avec 47.923 soldats-correspondants.

N° 108

108

Préparation des soldats de l'Armée Rouge
à l'activité publique dans les campagnes

Nombre de soldats ayant suivi des cours préparatoires :

Pour les isbas-salles de lecture et travaux analogues.
Pour le travail dans les soviets.
Pour les coopératives.
Pour le remembrement des terres.
Pour être miliciens, correspondants de village, etc.
Pour la conduite des tracteurs.

REMARQUES

Les soviets et la paysannerie

Des deux schémas sur la structure du pouvoir soviétique, l'un démontre que le principe de l'ensemble du système gouvernemental est basé sur l'élection. Dans chaque unité administrative, c'est le congrès des soviets qui est l'organe suprême du pouvoir. Les réunions générales des électeurs de villages élisent les délégués au congrès cantonal des soviets ; ce dernier élit les délégués au congrès des soviets de district ; celui-ci élit les délégués au congrès des soviets de la province et ainsi de suite jusqu'au congrès des soviets de l'U.R.S.S. Le congrès élit son comité exécutif qui représente, entre l'intervalle de deux congrès, l'organe suprême du pouvoir (Comité exécutif cantonal, de district, et de province). Dans la capitale des républiques fédérales il existe, outre les comités exécutifs de chaque république, le conseil des commissaires du peuple élu par le comité exécutif.

Le Comité Central Exécutif se compose d'un Conseil de l'Union et d'un Conseil des Nationalités.

Le deuxième schéma caractérise la structure du soviet de village, organe de base du pouvoir soviétique, et illustre clairement le principe du gouvernement soviétique qui consiste à faire collaborer le plus possible les membres des soviets au travail pratique des commissions et des sections.

Les diagrammes N°s 39 et 40 illustrent la participation de la paysannerie aux élections des soviets de village.

La comparaison entre ces deux diagrammes démontre que la participation des paysannes aux élections s'accroît continuellement par rapport au nombre total des votants

Ce fait doit être considéré comme une des plus importantes conquêtes de ces derniers temps ; il prouve que la paysanne, si arriérée avant la révolution, a été attirée à la vie publique. Les diagrammes N°s 43 et 44 illustrent la participation croissante des paysannes aux organes gouvernementaux (soviet de village et comité exécutif cantonal.

Le diagramme N° 41 montre que la majorité des membres des soviets se compose de paysans (87 %) ; les intellectuels de village prennent une certaine place parmi les membres des soviets de village. Ce fait est également un résultat de ces dernières années, dans lesquelles les intellectuels de village : l'instituteur, le médecin, l'agronome, grâce à leur dévouement et à leur activité publique, ont gagné la confiance des masses paysannes. D'après les données pour l'année 1927, 94,5 % des présidents des soviets de village se composent d'éléments paysans. L'imposition agricole des membres des soviets démontre que la majorité écrasante des soviets se compose de petits et moyens paysans.

Contrairement à la plupart des pays capitalistes — dans lesquels, s'il existe des organes gouvernementaux de village basés sur l'élection, les paysans riches seuls sont élus — le régime soviétique assure, par ses élections directes dans les réunions générales d'électeurs, une composition des soviets qui correspond aux intérêts des paysans travailleurs.

Dans l'année 1927, il y avait dans l'ensemble de l'U.R.S.S. 921.637 membres des soviets.

L'activité exercée dans le soviet de village et ses commissions est une école de travail pratique, étatique et public.

Les diagrammes N°s 45 à 48 montrent comment les organes soviétiques appellent les ouvriers et les paysans au travail permanent et appointé de l'appareil d'Etat.

Il y a de ces « promus » dans tous les organes soviétiques en partant des comités exécutifs de canton pour finir au Comité Central Exécutif auquel appartient un grand nombre de paysans venant directement de la charrue.

Ces « promus » se trouvent également dans tous les commissariats du peuple. Beaucoup d'entre eux assument, à l'heure actuelle, les postes les plus élevés de l'Etat.

Par ce système on attire dans l'appareil d'Etat les ouvriers de l'établi et les paysans « de la charrue » : c'est le principe même de la composition de l'appareil soviétique .

En dehors du nombre total des « promus » pour les années 1923-1926 — données qui ne sont pas tout à fait complètes, — nous avons utilisé, pour illustrer l'origine de ces « promus », quelques chiffres de source privée.

Le diagramme N° 45 donne les postes occupés par les « promus ». Il va de soi que les « nominations » aux organes suprêmes sont beaucoup moindres qu'aux organes de canton et de district.

N'ayant pu recueillir tous les renseignements sur les ouvriers et paysans « promus », nous donnons dans le diagramme les renseignements sur leur situation sociale d'après une statistique concernant 22 provinces. 82 % d'entre eux sont des paysans. Les fonctionnaires mentionnés dans ce diagramme sont d'anciens employés subalternes nommés à des postes supérieurs.

Le dernier diagramme a été établi d'après des statistiques concernant 9 provinces seulement. Il montre que les nominations n'ont touché que des petits et moyens paysans.

La solution du problème des nationalités

Le 15 novembre 1927 (2 novembre, ancien style), c'est-à-dire une semaine après la chute du gouvernement provisoire, le pouvoir soviétique a publié une déclaration sur le droit des peuples de Russie, proclamant les principes suivants :

1. Egalité et souveraineté des peuples de Russie.

2. Leur droit de libre disposition jusqu'à séparation et constitution d'Etats indépendants.

3. Abolition de tous privilèges et de toutes restrictions d'ordre national ou religieux.

4. Libre développement des minorités nationales et ethniques peuplant le territoire russe.

Cette déclaration ainsi que d'autres déclarations analogues ont été entièrement réalisées par le pouvoir soviétique.

C'est ainsi que le pouvoir soviétique a reconnu la séparation de la Finlande, et renoncé catégoriquement à toutes mesures pour la maintenir dans ses frontières.

Mais dans les premières années de son existence, le pouvoir soviétique n'avait ni le temps, ni la possibilité de se livrer à un travail créateur, pour le développement et l'intensification des cultures nationales. Toutes les forces étaient absorbées par la guerre civile.

Au printemps 1920, quand la guerre civile se réduisit aux frontières ouest et sud, il y avait déjà plus de possibilités pour accomplir l'édification de l'Etat sur le reste du territoire. C'est à cette époque que les républiques soviétiques nationales de l'Ukraine et de Bachkirie se constituèrent définitivement.

Dans l'été et l'automne 1920, 11 républiques et territoires autonomes étaient déjà constitués : les républiques de Russie Blanche, de Tartarie, de Kirghizie, des Montagnards, etc. De 1920 à 1921, le pouvoir soviétique fut établi en Transcaucasie, où trois républiques (la Géorgie, l'Arménie, l'Azerbeidjan) formaient la République Soviétique Fédérative de Transcaucasie. Depuis cette époque, les constitutions de républiques et de territoires autonomes dans le nord, en Sibérie et dans l'Asie centrale se succédèrent (voir diagramme N° 50).

Durant la constitution des différentes républiques

soviétiques, leurs liens mutuels étaient encore assez faibles. Quelques-unes se constituèrent dans le cadre de la République Soviétique Fédérative Socialiste de Russie, d'autres se constituèrent en marge de celle-ci sur la base d'un traité.

Ces dernières n'étaient autres que l'Ukraine, la Russie Blanche et la Fédération de Transcaucasie.

Au début de 1923, ces républiques ont formé avec la R.S.F.S.R. l'Union des Républiques Soviétiques Socialistes (U.R.S.S.) sur la base d'une Constitution fixant les rapports entre chaque république fédérale et garantissant la plus large indépendance jusqu'au droit de se séparer de l'Union. Leurs liens étroits ne reposent pas, comme dans la Russie tsariste, sur la force des baïonnettes, mais sur la communauté de leurs intérêts politiques et économiques. Chaque république fédérale a naturellement, en dehors de la Constitution de l'Union, sa Constitution nationale propre fixant, entre autres, ses rapports avec les républiques et territoires autonomes.

Plus tard, se constituèrent la République Soviétique Socialiste d'Ouzbékistan dont la capitale est Samarcande ainsi que la République soviétique socialiste de Turkmènistan ayant comme capitale Poltoratsk (anciennement Ashabad). Ces deux républiques se rattachèrent à l'Union sur les bases d'un traité. (Voir les schémas des républiques fédérales et territoires autonomes).

L'ensemble des territoires des différentes unités étatiques de la population non-russe de l'U. R. S. S. représente 9.024.000km. carrés ou 42,5 % de l'ensemble du territóire de l'Union. Le pourcentage de la population urbaine dans les républiques et territoires nationaux est beaucoup moins élevé que dans l'ensemble de l'Union (voir diagramme N° 51). La grosse majorité de la population de ces républiques se compose de cultivateurs et d'éleveurs de bétail. Ce sont surtout ces derniers qui dominent dans les autonomies nationales de l'Asie centrale et de Sibérie.

Mais il existe de nombreuses minorités nationales qui, à cause de leur dispersion, ne peuvent pas être organisées en unités étatiques autonomes. Ainsi, par exemple, il se trouve dans la partie russe de la R. S. F. S. R,, dans les villes aussi bien que dans les campagnes, quelques millions d'Ukrainiens, beaucoup de Tatares, d'Allemands, de Juifs ainsi que des Lettons et des Esthoniens. Dans la partie est de l'Ukraine, la population urbaine se compose surtout de Russes, tandis que dans l'Ouest elle se compose surtout de Juifs. Dans les campagnes, il y a beaucoup de colonies polonaises, russes, allemandes, tchèques, bulgares, etc. En Azerbeidzan et en Géorgie il y a beaucoup d'Arméniens, etc.

C'est pourquoi l'Union Soviétique s'est donnée comme tâche dès le début, de défendre les intérêts des minorités nationales.

C'est ainsi que dans la République d'Ukraine, dans laquelle existent beaucoup de minorités nationales, des circonscriptions administratives particulières ont été constituées dans lesquelles la langue de l'administration soviétique est celle des minorités nationales : il existe des circonscriptions russes, allemandes, polonaises, bulgares et juives (voir diagramme N° 53).

La protection et l'aide apportées aux minorités nationales dans chaque république prennent également d'autres formes, telles que, par exemple, la constitution d'écoles nationales (d'après la langue enseignée) qui, étant donné l'état arriéré de ces minorités, existent en nombre relativement plus grand que celles de la nationalité dont la population est beaucoup plus nombreuse. C'est ainsi que dans la R. S. F. S. R., le nombre des élèves des minorités nationales représente 14 % de l'ensemble des élèves, tandis que le nombre des écoles pour les minorités nationales représente 16,5 % de la totalité des écoles. Remarquons qu'en Russie tsariste, le nombre des enfants des minorités nationales qui fréquentaient l'école — l'école russe bien entendu — ne représentaient que 6,8 % ; dans la R. S. F. S. R., par contre, les écoles nationales englobent déjà 35 % des enfants des minorités nationales (voir diagramme N° 56).

Un grand travail d'instruction est accompli parmi la population adulte des minorités nationales. Ainsi le nombre des établissements d'instruction pour les minorités nationales dans la R. S. F. S. R. a augmenté de 85 % dans les trois dernières années. Parmi ces établissements, sont compris les bibliothèques, les clubs, les isbas-salles de lecture, les comités de liquidation de l'analphabétisme, les écoles pour ceux ne possédant que les premières notions d'instruction élémentaire, les écoles supérieures, les cours d'éducation générale, etc. (voir diagramme N° 57).

La politique scolaire du pouvoir soviétique dans la question nationale tend vers la suppression de l'inégalité culturelle, héritage du régime tsariste. C'est pourquoi l'accroissement des dépenses pour l'instruction publique dans les républiques nationales arriérées, telles que l'Ukraine, l'Ouzbékistan, l'Azerbeidjan, etc., est sensiblement plus rapide que dans la R. S. F. S. R. (voir diagrammes 58, 59, 60, 61).

La fourniture des livres scolaires et d'ouvrages littéraires aux peuples non-russes dans leur langue maternelle se développe à une allure rapide (voir diagrammes Nos 62 à 65). Sous le régime d'oppression et de russification tsariste, une telle œuvre non seulement n'était pas encouragée, mais au contraire entravée par tous les moyens.

Pour supprimer véritablement l'inégalité nationale, une attention particulière est accordée au problème de la santé et de l'hygiène dans les républiques nationales, (comparer les diagrammes établissant l'allure de la croissance des dépenses de cet ordre dans la R. S. F. S. R. — 159 % en trois ans — et dans la République Soviétique Socialiste d'Azerbeidjan — 281 % pour la même période, (voir diagrammes Nos 67, 68).

La même politique de suppression réelle de l'inégalité nationale est menée par le gouvernement soviétique sur le terrain économique industriel. Le gouvernement tsariste, qui poursuivait une politique de colonisation, a développé l'industrie principalement dans l'intérieur du pays. Il employait tous les moyens pour maintenir dans un état économique arriéré les territoires frontières habités par les soi-disant peuples allogènes. Le pouvoir soviétique, par contre, commença, dès que l'industrie d'avant-guerre fut rétablie, la construction d'usines textiles, d'usines métallurgiques, de stations électriques en Géorgie, Daghestan, Ouzbékistan, etc. (voir le tableau montrant l'allure rapide de l'industrialisation d'une des républiques nationales les plus arriérées : l'Ouzbékistan (voir diagramme N° 69).

L'aide financière budgétaire de l'Union aux républiques nationales sert le même but (voir diagramme N° 70).

L'activité culturelle

1. La révolution a fait naître dans les masses populaires une grande passion pour l'instruction.

Le diagramme N° 71 donne un tableau général de l'état de l'instruction publique dans l'U. R. S. S. comparé au temps tsariste. Nous y constatons le nombre croissant des élèves dans toutes les écoles. Celui des étudiants dans les Universités s'est également accru. En 1914, il y avait dans les Universités, 14,5 % d'étudiants paysans, tandis qu'en 1925-1926, dans la R. S. F. S. R., leur nombre atteignait 26,2 %.

Mais ces chiffres n'indiquent pas le fait, si caractéristique pour la période d'après la révolution, qu'aujourd'hui les paysans les plus pauvres peuvent également entrer dans ces institutions, puisque le nombre des maisons d'étudiants et des bourses données aux ouvriers et paysans aux frais de l'Etat a quadruplé.

La mesure la plus importante permettant l'entrée des masses travailleuses dans les institutions d'enseignement supérieur a été la création de facultés ouvrières qui existent dans presque toutes les institutions de l'enseignement supérieur.

Dans ces facultés, les ouvriers et paysans envoyés par leurs organisations respectives sont préparés pendant trois ou quatre ans aux études de l'enseignement supérieur.

Les paysans dans ces facultés ouvrières représentaient dans l'année scolaire 1923-1924, 25 % de tous les étudiants. Dans l'année scolaire 1925-1926, 34 % et dans l'année 1926-1927, 39,8 %.

La plupart des étudiants étaient à la charge de l'Etat.

2. Les diagrammes N°s 72 et 73 montrent les progrès de la liquidation de l'analphabétisme parmi la population paysanne adulte de l'U. R. S. S.

Outre les écoles pour la liquidation de l'anaphabétisme, le diagramme contient les chiffres sur une autre forme d'écoles pour adultes, dans lesquelles les paysans sachant lire, mais ne sachant pas écrire ou déshabitués de la lecture et de l'écriture courante complètent leur instruction.

Cette dernière forme scolaire a une très grande importance pour les paysans prenant part à la vie publique et à qui leur instruction insuffisante cause de nombreuses difficultés dans leur activité.

D'après les données pour 1925, il y avait dans la R.S.F.S.R., parmi la population de 11 à 35 ans, 17 millions d'illettrés. D'après celles pour 1926, il y avait dans la R.S.F.S.R., parmi la population de 16 à 35 ans, encore sept millions d'illéttrés, mais la population entière de cet âge est obligée d'apprendre à lire et à écrire.

Les paysans représentent la majorité écrasante des illettrés.

La liquidation de l'anaphabétisme attire l'attention de l'ensemble de la population. Il existe pour la liquidation de l'analphabétisme une association libre qui apporte un secours efficace aux organes étatiques dans cette œuvre si importante pour le développemment du pays.

On compte sur la liquidation de l'analphabétisme pour le moment où doit être institué l'enseignement obligatoire prévu pour l'année 1932-1933.

Le diagramme N° 74 caractérise la croissance de l'enseignement primaire dans les villages.

Par enseignement primaire on entend l'instruction

scolaire pendant une période de 4 ans. C'est pourquoi, on a compté dans le nombre des élèves des écoles primaires rurales, les élèves des quatre premiers groupes des écoles rurales d'enseignement secondaire (7-9 classes).

En 1925-1926, les écoles représentaient 124,8 % et les élèves 142,7 % comparativement à 1922-1923.

En Russie tsariste (sur le territoire actuel de l'U. R. S.S.) le nombre total des élèves dans les écoles primaires urbaines et rurales était de 7.235.988, tandis qu'aujourd'hui, dans les écoles rurales seulement, leur nombre atteint 7.714.000.

Mais le nombre croissant des écoles ne suffit pas encore pour satisfaire les besoins des larges masses qui ont compris l'importance de l'instruction : avant la révolution, la plupart des paysans n'envoyaient pas leurs enfants à l'école. Le gouvernement tsariste avait intérêt à maintenir la multitude des paysans dans l'ignorance. Mais aujourd'hui, la tâche la plus importante des organes de l'U. R. S. S. pour l'instruction publique est de préparer l'établissement de l'instruction publique obligatoire, ce qui nécessite tout d'abord de nouveaux bâtiments scolaires dont la construction absorbe des sommes considérables.

Presque dans toutes les républiques de l'Union soviétique, des projets pratiques pour l'établissement de l'instruction publique obligatoire ont été élaborés, fixant les dépenses annuelles pour la construction de bâtiments scolaires, pour la formation de nouveaux instituteurs et pour la fourniture des livres scolaires à la population pauvre. Dans la R. S. F. S. R., on prévoit l'établissement de l'instruction publique obligatoire pour l'année scolaire 1932-1933.

Le diagramme N° 75 contient des données sur les écoles agricoles élémentaires et sur une nouvelle forme d'écoles créée en 1923 : les écoles de jeunes paysans.

Ces écoles se développent particulièrement vite. Leur importance pour la paysannerie est considérable, car elles donnent, outre l'enseignement général, les connaissances indispensables pour un agriculteur. L'enseignement est basé sur la pratique et opère au moyen d'exemples concrets pris sur des économies paysannes de la région.

La jeunesse paysanne quitte cette école avec une instruction générale suffisante (à peu près l'instruction d'un lycée) et peut utiliser pratiquement ses connaissances dans l'économie paysanne, dans les coopératives agricoles, etc.

Le nombre de ces institutions scolaires s'accroît aussi bien par la création de nouvelles écoles que par la réorganisation des écoles primaires déjà existantes.

Mais les données sur les écoles agricoles ne donnent

pas un tableau complet sur l'activité déployée dans l'U.R.S.S. pour vulgariser les connaissances agricoles parmi la population.

Les cercles agricoles attachés aux isbas-salles de lecture ainsi que les cours de courte durée (de deux à trois semaines) faits par le personnel agronomique de la localité jouent également un grand rôle dans ce domaine (voir diagramme suivant).

Les diagrammes N°s 76 et 77 caractérisent deux institutions culturelles très différentes l'une de l'autre : les isbas-salles de lecture et les maisons du paysan. Dans cette statistique ne sont comprises que les izbas-salles de lecture alimentée par la caisse des autorités locales.

Il existe également dans les campagnes en U. R. S. S., un grand nombre de salles de lecture et institutions analogues appelées les « coins rouges » qui sont alimentés au moyen des cotisations de la population. Leur nombre atteignait à la fin de 1926, 23.586.

Les salles de lecture servent à développer l'initiative des masses paysannes et sont le point de départ d'une grande activité de vulgarisation culturelle. Elles sont aidées activement et volontairement par les intellectuels de village (instituteurs, médecins, agronomes). Les salles de lecture sont pour ainsi dire les clubs de village où les masses paysannes satisfont leur désir d'éducation.

Dans presque chaque salle de lecture et «coin rouge», il y a un cercle agricole où, sous la direction d'un agronome ou autre personne compétente, chacun a la possibilité d'apprendre les méthodes les plus rationnelles d'agriculture. Des cercles coopératifs, politiques et autres y sont également attachés. Les salles de lecture s'efforcent aussi d'attirer les paysannes à la vie publique.

Les salles de lecture ont en outre un bureau de renseignements sur toutes les questions intéressant les paysans.

Sur les territoires non-russes, les salles de lecture déploient leur activité dans la langue maternelle.

Tous les centres administratifs et toutes les villes principales ont leur Maison du Paysan.

Le diagramme N° 77 contient les données sur les maisons du paysan dans la R. S. F. S. R. Sur les 362 maisons du paysan (pour l'année 1926-1927), 47 se trouvent dans les chefs-lieux de provinces et de circonscriptions, 200 dans les chefs-lieux de district, 114, dans les chefs-lieux de canton et une Maison Centrale du Paysan à Moscou.

La tâche de la Maison du Paysan consiste à procurer au paysan venu à la ville, non seulement un logement commode et bon marché, à l'éduquer pendant son séjour, mais aussi — ce qui est sa principale fonction — à l'aider dans le règlement de ses affaires dans les différents services publics et étatiques. Il y reçoit également des conseils agronomiques et juridiques gratuits.

Voici quelques chiffres sur l'activité de la Maison Centrale du Paysan à Moscou :

Depuis 1922-1927, c'est-à-dire depuis 5 années de son existence, 72.799 personnes y ont été logées. Ses consultations juridiques s'élèvent pour le même laps de temps à 58.915, et ses consultations agronomiques à 14.651.

Au total, le service juridique de la Maison Centrale du Paysan — qui répond aussi aux demandes écrites — s'est occupé de 82.862 cas concernant des terres et des forêts, des impôts et autres cas juridiques.

L'activité culturelle de la Maison du Paysan a consisté en 1977 conférences, 1.533 excursions et 469 représentations artistiques.

Les diagrammes sur la presse paysanne montrent que malgré une certaine diminution du nombre des journaux, par suite de la suppression de ceux de faible tirage, le tirage global de tous les journaux paysans s'accroît sans cesse.

Ces diagrammes ne contiennent pas les nombreuses revues paysannes traitant les différents sujets de la science et de la technique.

En Russie tsariste, il existait aussi des « journaux paysans », mais ils étaient rédigés exclusivement par les junkers et aucun paysan n'y collaborait. D'après les données existantes, ces journaux étaient au nombre de 20, avec un tirage de 300.000 exemplaires, tandis que le nombre actuel des véritables journaux paysans et leur tirage sont 5 fois plus grands qu'avant la révolution.

Le nombre des lecteurs de la presse soviétique a également augmenté considérablement, étant donné qu'en dehors des familles paysannes qui sont abonnées aux journaux, beaucoup de paysans lisent les journaux dans les salles de lecture et « coins rouges ». Ce qui est extrêmement caractéristique pour les journaux de la Russie actuelle, c'est que de plus en plus les simples paysans y collaborent volontairement, ils correspondent avec les principaux journaux et ceux de leur localité. (Voir le chapitre « La Paysannerie dans la vie publique »).

Ne possédant pas de données suffisamment précises, nous ne pouvons pas donner de chiffres sur le nombre des journaux muraux paysans paraissant dans les villages, de la même façon que les journaux muraux ouvriers.

Presque dans toutes les salles de lecture et « coins rouges », il y a des journaux muraux qui sont un des meilleurs moyens pour développer l'esprit social du paysan.

La croissance du nombre et du tirage des livres et des brochures populaires édités pour la paysannerie par la Librairie de l'Etat et autres librairies officielles démontre l'augmentation des besoins culturels des larges couches paysannes.

D'après les données pour 1924-1925, les éditions parues et s'élevant au nombre de 1.412, se répartissent comme suit :

Littérature sur les questions politiques générales, 40 % ; littérature sur les questions agricoles, 30 % ; littérature populaire et scientifique, 12 % ; belles-lettres, 14 % ; publications diverses, 4 %.

Nous traitons la question des services d'hygiène et de santé au chapitre « L'activité culturelle » parce qu'un bon fonctionnement de ces services assure une vie culturelle normale de la paysannerie. En Russie tsariste, les cas de maladie et de mortalité — surtout la mortalité infantile — étaient beaucoup plus nombreux que dans la plupart des pays européens à cause des conditions matérielles difficiles et du bas niveau culturel.

On a enregistré ces dernières années une diminution sensible de la mortalité infantile.

Nous pouvons également constater dans les dernières années de vie pacifique une sensible diminution du nombre des maladies contagieuses, comparativement au temps d'avant-guerre. C'est ainsi qu'il y avait en 1913, par 1.000 habitants, 7,2 cas de typhus exanthématique et 1,9 cas de typhus récurrent. En 1925, par contre, il n'y avait plus que 5,2 et 1,1 sur 1.000 habitants. La petite vérole qui était un véritable fléau pour la population rurale ne donnait plus en 1925 que 1,3 cas sur 1.000 habitants au lieu de 4,4 en 1913. Nous faisons remarquer que nous ne citons de chiffres que pour la R. S. F. S. R.

Comme nous le voyons dans le diagramme N° 80, le nombre des centres médicaux s'est considérablement accru. Cet accroissement s'accomplit dans la même mesure où augmente le budget local.

En même temps, les centres d'officiers de santé qui, jadis, existaient en plus grand nombre que les centres pourvus de médecins, ont diminué, ce qui prouve que l'Union soviétique tend à améliorer la qualité du secours médical dans les campagnes.

Alors qu'en 1913, un centre médical rural desservait en moyenne 30.130 personnes, il n'en desservait en 1922, d'après les données du 1er juillet 1922 que 18.873 seulement. Comme nous le montrent les diagrammes, le nombre des services médicaux a augmenté de 25 % de 1922 à 1926. Nous pouvons donc affirmer qu'en 1926, un centre médical desservait moitié moins de personnes comparativement au temps d'avant-guerre. Le nombre des hôpitaux attachés aux centres médicaux s'accroît également. C'est ainsi qu'en 1924, il y avait 2.421 services avec leurs hôpitaux propres et 45.965 lits ; en 1925, 2.569 hôpitaux avec 50.959 lits et en 1926, 2.656 hôpitaux avec 61.990 lits.

De plus, les paysans sont admis dans les hôpitaux des villes, dans les cas nécessitant des traitements spéciaux ou des opérations délicates.

Remarquons également que dans les maisons de santé d'Etat, le traitement est gratuit (dans les campagnes, il n'existe pas de maisons de santé privées).

Remarques sur les diagrammes « La protection de la jeune génération » (N°s 81 et 82).

Ce n'est que pendant les trois-quatre dernières années que le pouvoir soviétique a pu s'occuper de la protection de la santé des enfants des campagnes.

Il faut dire qu'en Russie tsariste, même dans les villes, cette branche d'activité médicale laissait beaucoup à désirer et dans les campagnes, il n'y avait pas du tout de services spéciaux pour la santé des enfants. Pour assurer une véritable assistance des femmes enceintes et, plus tard pour l'observation des soins nécessaires aux enfants (nutrition, etc.), il existe des services de consultations pour enfants. Notre diagramme donne des chiffres sur le nombre de ces services de consultations dans la R.S.F.S.R. Il y en avait en 1926 dans l'U.R.S.S., 549.

Les crèches d'été, sur lesquelles notre diagramme contient des données, poursuivent le but d'aider la mère paysanne pendant le travail aux champs, de la libérer pendant ce temps des soins à donner à ses enfants, et d'élever ces derniers d'après les nouvelles méthodes de puériculture.

Il y a en moyenne 30 enfants dans une crèche. En 1926, 1.276.000 roubles furent dépensés dans la R.S.F.S.R. pour 2.924 crèches d'été. En dehors des subsides de l'Etat (71,16 %), le reste des frais d'entretien de ces crèches est couvert par des organisations ouvrières. Entre autres, 7,1 % sont couverts par les associations de patronage.

Depuis le début de 1925, les paysans dont l'état nécessite des traitements urgents sont placés gratuitement dans les sanatoriums de l'Etat. Depuis 1926, il existe des sanatoriums paysans spéciaux dans toutes les stations curatives. Un des plus beaux châteaux du tsar en Crimée, à Livadia, a été aménagé en sanatorium paysan. Les chiffres contenus dans notre diagramme sur les paysans devant être envoyés dans l'année courante dans les stations curatives pour la saison d'hiver sont tirés du projet du Commissariat du Peuple à l'Hygiène. L'extension des secours médicaux a naturellement augmenté considérablement les dépenses dans ce domaine.

Notre diagramme N° 84 compare les dépenses moyennes par habitant en Russie tsariste et dans l'U. R. S. S.

Si nous considérons la différence entre la valeur réelle du rouble d'avant-guerre et celui d'aujourd'hui, nous pouvons constater que les dépenses budgétaires de la R. S. F. S. R. pour l'exercice 1926-1927 sont deux fois plus grandes que les dépenses d'avant-guerre (3,78 roubles équivalent à 1,98 rouble d'avant-guerre).

Les paysans dans la vie publique

Le diagramme N° 85 donne le nombre des membres paysans du Parti communiste au cours de plusieurs années. Nous remarquons qu'il se produit une affluence continuelle des masses paysannes dans le Parti. La diminution des effectifs observée en 1925 provenait d'une vérification des rangs du Parti communiste en 1924 afin de constater le nombre exact de ses membres et d'en exclure les éléments dans lesquels on ne pouvait avoir toute confiance.

L'affluence des éléments de la population rurale vers le Parti vient surtout des couches petites-paysannes et des ouvriers agricoles. Le Parti communiste, initiateur de l'édification d'une nouvelle forme d'Etat, est également le guide reconnu des masses paysannes de l'U. R. S. S. La politique du Parti, qui vise le renforcement de l'alliance ouvrière et paysanne, décide les paysans les plus actifs, qui ont compris cette communauté d'intérêts, à entrer dans ses rangs.

Le diagramme N° 86 nous montre la progression de l'organisation communiste des jeunes dans les campagnes. La Fédération des Jeunesses Communistes est l'organisation de la jeunesse ouvrière et paysanne la plus avancée. Les cellules de la Fédération des Jeunesses ne s'occupent pas seulement de l'éducation politique de la jeunesses paysanne et de son recrutement, mais elles animent la vie publique rurale et elles sont souvent les initiatrices de différentes mesures pratiques sur le terrain économique et culturel.

Le diagramme N° 87 nous donne des chiffres sur la progression des organisations des pionniers dans les villages. Contrairement aux boys scouts bourgeois, les jeunes pionniers se préparent exclusivement à servir la cause des travailleurs et ce n'est pas par hasard qu'ils s'appellent avec orgueil les descendants de Lénine, les Enfants d'Octobre. Sous la direction de la Fédération des Jeunesses, les pionniers organisent les grandes masses d'enfants, les incitent à s'éduquer, assistent les organes gouvernementaux et les organisations publiques, aident les paysans dans l'agriculture, aident également les comités de mutualité (défrichement des terres des paysans pauvres, etc.). Ils jouent souvent un grand rôle culturel dans leurs familles arriérées.

Le Parti communiste dirige l'activité des soviets de village, c'est-à-dire l'ensemble de la vie publique dont le village, avec l'aide de ses membres, de ses candidats et des membres de la Fédération des Jeunesses.

Aux élections des soviets, les membres du Parti et ceux de la Fédération des Jeunesses n'ont pas plus de droits que les sans-parti; le parti communiste veille rigoureusement à ce que la liberté absolue soit assurée aux masses de sans-parti aux élections et tolère naturellement le rejet de ses membres proposés comme candidats.

Dans les soviets, les membres du Parti et ceux de la Fédération des Jeunesses n'ont d'autres droits que les membres des soviets sans-parti. Le pourcentage des membres du Parti et celui des membres de la Fédération des Jeunesses contenus dans ce diagramme montrent que ce sont les sans-parti qui ont la majorité dans les soviets. Mais l'autorité du Parti, le développement politique de ses membres, leur dévouement révolutionnaire à la cause des travailleurs déterminent les paysans à élire des communistes et des membres des Jeunesses aux postes responsables. Il est intéressant de constater que dans les républiques fédérales où les masses paysannes sont moins préparées à pouvoir participer aux fonctions d'Etat et où le Parti communiste qui pratique une politique des nationalités complètement opposée à la politique tsariste d'oppression et de ruine des nationalités non-russes, jouit d'une autorité particulièrement grande, le nombre des membres du Parti dans les soviets de village est beaucoup plus élevé que dans la R. S. F. S. R., dans l'Ukraine et la Russie Blanche.

Les diagrammes sur l'activité des associations de mutualité paysanne (89-93) ne concernent que la R. S. F. S. R. Dans les autres républiques ces associations prennent des formes analogues. La Mutualité Paysanne est une organisation centralisée : un comité central avec un présidium responsable aux membres, des comités de village (associations de village), des comités cantonaux, etc.

La tâche de la Mutualité Paysanne consiste dans

l'assistance économique des petits paysans, des ouvriers agricoles, des familles des soldats mobilisés et, en général, de toutes les familles faibles, sous la forme de crédits en espèces ou en semences, de labourage des champs par un travail collectif de leurs membres, par l'emploi de machines communes, etc., par le contrôle sur la distribution des crédits d'Etat, par exemple, les crédits en semences, etc. Les organes exécutifs sont élus chaque année.

La Mutualité Paysanne reçoit une aide gouvernementale sous la forme d'une subvention unique, de crédits, etc. Le gouvernement aide ces organisations à se renforcer économiquement, à se développer et il élargit par ces mesures sa propre activité dans le domaine de l'assistance publique. Les Mutualités Paysannes ont leurs propres entreprises, lesquelles — dans la plupart des cas — ont été mises à leur disposition par l'Etat qui les favorise également dans leurs affaires. Grâce à cette protection, le nombre, l'autorité et l'importance économique de ces associations s'accroissent. Elles représentent un facteur important pour le relèvement des économies faibles. Le diagramme donne la situation matérielle de ces associations et leur assistance à la population. L'organisme central tend à réduire les dépenses d'organisation des associations locales afin de pouvoir disposer de grosses sommes destinées à l'augmentation des secours.

Le nombre des correspondants de village compris dans le diagramme N° 96 caractérise l'activité croissante des masses dans la vie publique. Le mouvement des correspondants de villages, né spontanément chez les masses paysannes, acquiert des collaborateurs actifs à la presse soviétique. Grâce aux correspondants de village, la presse paysanne a gagné une grande importance d'organisation. Les correspondants de village envoient aux journaux des informations sur la situation de leur village, sur l'activité des organes locaux du gouvernement et font ressortir tous les côtés positifs et négatifs de la vie locale.

La publication des informations des correspondants de village, mettant en lumière le travail des organes soviétiques, soumet l'ensemble de l'activité de ces organes à la critique de l'opinion publique rurale. Ainsi le mouvement des correspondants de village — en dehors de sa portée sociale — joue un certain rôle dans l'amélioration de l'appareil soviétique.

Pour caractériser la progression du mouvement des correspondants de village, nous donnons les chiffres suivants sur le nombre des correspondants du « Journal Central Paysan » (Krestianskaya Gazeta). En 1924, ce journal comptait 400 correspondants de village ; en 1925, 2.598 ; en 1926, 6.350 et en 1927, 10.200.

Ce qui illustre encore le développement de l'esprit social chez les paysannes, c'est l'augmentation du nombre des membres des différentes associations pour le soutien et l'encouragement des mesures prises par l'Etat.

Les associations volontaires créées dans les villes par l'initiative des ouvriers se développent de plus en plus par la pénétration toujours plus croissante des masses paysannes dans ces organisations.

En dehors des deux associations présentées dans notre diagramme, il existe encore d'autres formes d'associations (voir diagrammes N°s 94 et 95).

Les cellules du Secours Rouge (M.O.P.R.) ont pris un grand essor (au 1er juillet 1927 on comptait 712.000 membres du Secours Rouge [M.O.P.R.] dans le village russe). Il en est de même des cellules des « Amis du Radio », des « Amis de l'Enfance », etc.

Outre l'organisation de souscriptions, ces associations déploient une activité culturelle et éducative qui consiste à appeler l'attention des masses sur les questions sociales et politiques dans le domaine particulier à chacune.

Il n'existe pas de données exactes sur le nombre des membres paysans des associations pour la liquidation de l'analphabétisme.

L'Association des « Amis de l'Aviation et de la Chimie » («Aviachim ») a une importance pratique pour l'agriculture. Une large activité est déployée dans cette association pour la destruction des insectes ravageurs (nuées de sauterelles, etc.) par l'emploi des avions et des moyens chimiques. Cette association organise également des champs modèles pour démontrer les avantages de l'emploi des engrais artificiels.

En Russie tsariste, la paysanne était particulièrement arriérée. La révolution a donné à la femme les mêmes droits qu'à l'homme. Mais pour pouvoir réaliser de fait la liberté de la femme, pour éveiller son activité et pour l'attirer à la vie publique, des réunions de femmes-déléguées ont été organisées. Ces réunions furent d'abord organisées dans les villes et ensuite dans les campagnes. Notre diagramme montre le nombre croissant des paysannes-déléguées ainsi que leur pourcentage grandissant comparativement au nombre total des femmes-déléguées en général.

Le diagramme N° 97 donne aussi par année le chiffre absolu des paysannes-déléguées et leur pourcentage par rapport à l'ensemble des femmes-déléguées (ouvrières, ménagères et employées).

Les réunions de déléguées prennent part à l'examen des questions pratiques des organisations soviétiques. Elles participent aux travaux des sections et commissions des soviets. Dans les diagrammes sur le chapitre « Le Pouvoir soviétique et la Paysannerie » (Diagrammes N°s 43 et 44), nous donnons quelques chiffres sur la participation des paysannes aux soviets. Nous y donnons également, sur la part prise par les paysannes dans les comités de mutualité des chiffres qui illustrent leur participation à la direction de ces organisations. Au fur et à mesure que s'accroît l'activité des paysannes, s'accroît également leur participation dans les coopératives et dans les organisations publiques des villages..

L'Armée Rouge

« La vieille armée, dit le décret du Conseil des Commissaires du Peuple de 1918 sur l'organisation de l'Armée Rouge ouvrière et paysanne a été un instrument de classe entre les mains de la bourgeoisie pour l'oppression des travailleurs. Après le passage du pouvoir aux classes exploitées et travailleuses, il est devenu indispensable de créer une autre armée pour défendre le pouvoir soviétique. »

Le pouvoir soviétique est le pouvoir des ouvriers et paysans et l'Armée Rouge est le véritable défenseur du pouvoir soviétique et non pas un instrument de conquête des pays étrangers et d'asservissement des autres peuples. L'Armée Rouge est l'amie des ouvriers et des paysans du monde entier et de tous les peuples opprimés.

Un des premiers principes de l'éducation dans l'Armée Rouge est d'inculquer à ses soldats un esprit de solidarité fraternelle avec les travailleurs du monde entier. L'aigle à deux têtes du tsar a répandu partout la guerre et le sang, la faucille et le marteau soviétiques apportent aux peuples la paix.

Un exemple frappant de l'amour de la paix du pouvoir soviétique est donné dans les trois premiers diagrammes de ce chapitre. L'U.R.S.S. dépense pour l'armée trois fois moins que la Russie tsariste (12,7 au lieu de 33 %). Le pourcentage des dépenses militaires prévues dans le budget baisse d'année en année.

Les effectifs de l'Armée Rouge qui diminuent chaque année et qui ont été réduits en 1927 à 562.000 hommes prouvent également la volonté de paix du pouvoir soviétique. Les effectifs de l'Armée Rouge sont deux fois moins élevés que ceux de l'armée tsariste. La volonté de paix du pouvoir soviétique est également illustrée par le montant des charges militaires par habitant (4,30 roubles) et le nombre des soldats par 1.000 habitants (3,8).

L'Armée Rouge c'est le sang des ouvriers et des paysans. Elle est la seule armée dans le monde entier dans laquelle les cadres d'officiers se composent de haut en bas presque exclusivement d'ouvriers et de paysans, dans laquelle — en plus de la discipline prolétarienne — règnent aussi des relations amicales et fraternelles entre les soldats et les officiers (voir diagramme 102).

Tant que l'U.R.S.S. sera manacée par les interventions des brigands impérialistes, l'Armée Rouge renforcera naturellement sa combativité et restera avec une fermeté inébranlable à son poste pour la défense du travail et de l'édification pacifique de l'économie socialiste de l'U.R.S.S.

Mais l'Armée Rouge est également une force culturelle de premier ordre, une école des jeunesses ouvrières et paysannes pour leur activité publique (voir les 5 derniers diagrammes).

Dans l'Armée Rouge l'analphabétisme — cet héritage damné du tsarisme — est liquidé complètement. Il n'y a pas de soldat qui quitte l'Armée Rouge comme illettré. Pour élever le niveau culturel des soldats de l'Armée Rouge, un réseau de bibliothèques, de clubs, de différents cours pratiques et de cercles a été créé. Chaque caserne a son journal mural et ses soldats-correspondants qui écrivent dans les journaux des soldats rouges et autres journaux. De temps en temps, les soldats de l'Armée Rouge prennent part à des conférences militaires dans lesquelles ils traitent librement les questions politiques et autres questions du jour. Aussi bien que tous les citoyens de l'U.R.S.S., ils prennent part directement à la vie publique du pays (ce qui n'est permis dans aucun Etat bourgeois), ils élisent et peuvent être élus aux soviets. Le pourcentage important des soldats et des officiers de l'Armée Rouge qui sont membres du Parti communiste et des Jeunesses prouve le niveau de conscience politique élevé de l'Armée Rouge.

Institut agraire international de Moscou

ANNUAIRE DE LA LITTÉRATURE AGRAIRE

pour l'année 1926

Rédigé par I. Koblenz. Préface de N. Mechtchériakov.

(en langue russe)

Tome I. (Livres I-IV).

Economie et statistique de l'Agriculture

LIVRE I. Statistique. Economie agraire (Théorie). Situation de l'agriculture dans les divers pays.

LIVRE II. L'Agriculture et l'Industrie agricole d'après les divers types sociaux. Le trafic des produits agricoles.

LIVRE III. Le salariat dans l'Agriculture. Coopératives agricoles.

LIVRE IV. Crédit agricole. Finances d'Etat et finances rurales. Les assurances dans l'Agriculture.

Tome II. (Livre V.)

La question agraire et paysanne

LIVRE V. *Première partie.* La question agraire dans les divers pays. Politique agraire et paysanne. Types d'organisations agricoles. Situation juridique des campagnes. Le système soviétique à la campagne.

Deuxième partie. Les mesures d'encouragement à l'Agriculture.

Troisième partie. L'histoire de la vie rurale et la paysannerie.

L'Annuaire contient une bibliographie de tous les livres, articles, tableaux statistiques, analyses critiques des recueils et de plus de 300 périodiques parus en 1926. Les matériaux ont été assemblés conformément aux principes de l'Instruction anglo-américaine et classés d'après le système décimal de l'Institut bibliographique International. L'annuaire contient 70 feuilles d'impression à 40.000 caractères.

Prix (par commande préalable pour toutes les cinq parties) : broché 10 roubles ; à l'étranger, 7 dollars ; relié (calicot avec impression), surtaxe 1 rouble ou 0,50 cents.

Institut agraire international de Moscou

LES RÉSULTATS DE L'ANALYSE DE L'ÉCONOMIE COLLECTIVE

Analyse administrative-technique de 66 exploitations collectives des diverses zones agricoles de l'U.R.S.S.

Texte en langue russe et anglaise

établi sous la direction de D. Karpusi. Préface et rédaction de N. Mechtchériakov

Prix : broché 5 dollars; relié toile : 5,50 dollars

Prochainement paraîtront d'autres ouvrages sur la question agraire et paysanne dans les divers pays.

Des prospectus détaillés sur toutes les éditions seront envoyés gratis, sur demande.

Adresse de la rédaction et du bureau d'Edition des « Problèmes agraires » : U.R.S.S. Moscou, Vozdvijenka 14 Institut agraire International.

Réception des commandes pour toutes les œuvres, informations sur les auteurs et librairies chez : Gœtz Kilian, Berlin-Cœpenick, Heidekrugstrasse 67.

KRESTIANSKAYA GAZETA

(JOURNAL PAYSAN)

Le journal le plus répandu du monde entier

« Krestianskaya Gazeta » édite trois journaux dont le tirage se chiffre à un million d'exemplaires.

Ils paraissent en neuf différentes éditions régionales.

Suppléments de la "Krestianskaya Gazeta"

1. « Vzaimopomochtch v derevné ». (La Mutualité dans le village), hebdomadaire.
2. « Potrébitelskaja kooperatsia v derevné ». (La Coopérative de consommation dans le village).
3. « Soviestky statistik » (Statistique soviétique), hebdomadaire.
4. « Na Strakhe » (A la garde), hebdomadaire.
5. « Koustar i Artel » (Artisanat villageois et artels, bihebdomadaire.

REVUES

1. « Sam sebé agronom » (Son propre agronome), hebdomadaire.
2. « Selkor » (Correspondant villageois), bimensuel.
3. « Krestinaski Journal » (Périodique paysan), bimensuel.
4. « Lapot », bimensuel.
5. « Journal Krestiankoï Molodéji » (Périodique de la Jeunesse paysanne), bimensuel.
6. « Derévenski teatr » (Théâtre de village), mensuel.
7. « Krestianka » (La Paysanne), bimensuel.
8. « Outchis sam » (Apprends toi-même), mensuel.
9. « Promisli i remesla » (Occupation et artisanat), mensuel.
10. « Isba tchitalnia » (isba-salle de lecture), bimensuel.
11. « Droujinie rebjata » (Communauté d'enfants). mensuel.

La « Krestianskaya Gazeta » reçoit journellement des contrées les plus diverses de l'U.R.S.S. plus de 2.000 lettres de paysans et a des correspondants, également parmi les paysans, dans bon nombre de pays du monde entier.

L'adresse de la rédaction et du bureau de la librairie est : U.R.S.S. Moscou, Vozdvijenka, « Krestianskaya Gazeta » (Journal Paysan).

Commandes par l'entremise de : Gœtz Kilian, Berlin-Cœpenick, Heidekrugstrasse, 67.

JOURNAL PAYSAN D'UKRAINE

« RADIANSKOIE SELO » (LE VILLAGE SOVIÉTIQUE)

Paraît en 200.000 exemplaires et a 4.500 correspondants villageois

Publie les revues suivantes :

« Selkor Oukraini » (Correspondant de village de l'Ukraine).

« Selianska Oukraina » (Le village ukrainien).

« Molodoi bolchévik » (Le jeune bolchévik).

« Ejegodni Krestianski Kalendar » (Almanach paysan).

Toutes ces publications sont en langue ukrainienne.

Adresse de la rédaction et de l'Administration : « Radianskoie Selo », Kharkov, Pouchkinskaya 24. U.R.S.S.

Commandes et informations par l'entremise de Gœtz Kilian, Berlin-Cœpenick, Heidekrugstrasse 67.

OUVRAGES SUR LE MOUVEMENT PAYSAN

L'Union mondiale des paysans. Berlin 1924 (en allemand).

Le premier congrès mondial des paysans. Berlin 1924 (en allemand).

La première Conférence internationale paysanne.

A. SMIRNOV. — Le mouvement paysan international et les expériences de la révolution russe (en russe et hongrois).

T. DOMBAL. — Les tâches et les conquêtes de l'Internationale paysanne (en russe et polonais).

— Le front uni des paysans producteurs. Berlin 1925 (en allemand).

— Message du paysan Kalinine (en russe, allemand et tchèque).

— L'Internationale paysanne. Premier cahier (en allemand), Berlin 1925. Internationale paysanne rouge. Premier cahier.

G. MIGLIOLI. — Una storia e un Idea, pag. 404. Tipografia Carlo Accame, via B. Galliari, 4. Torino 1926.

— Il villagio sovietico (Paris).

— Le village soviétique ; 189 pages in-8°, 40 illustrations. Edition de la Librairie du Travail. Paris. Prix : 10 francs.

Dans la « Bibliothèque du mouvement révolutionnaire paysan » sont parus :

N. L. MECHTCHERIAKOV. — The peasantry and the Revolution (également en langue russe). Edition: R. L. Prager, Berlin NW 7.

S. DINGLEY. — The peasants' Movement in Indonesia. Edition : R. L. Prager, Berlin NW 7.

GRAF. — Le Mouvement paysan en Allemagne dans le passé et dans le présent. Moscou 1927 (en langue russe).

GOROV. — La lutte de la paysannerie en Bulgarie (en langue russe). Moscou 1927.

HEVESI. — La paysannerie magyare et sa lutte. Moscou 1927 (en langue russe).

En préparation, dans le cadre de la bibliothèque ci-dessus, les brochures concernant les pays suivants : Autriche, Mexique, Pologne, Indes, Japon, pays arabes, Perse, Yougoslavie, Tchécoslovaquie.

Tous ces ouvrages peuvent être commandés au *Bureau d'Editions*, 132, Faubourg Saint-Denis, Paris (10e).

Ce livre paraît en même temps en allemand et en anglais
à la librairie :

Verlag für Literatur und Politik, Vienne-Berlin SW 61,
Planufer 17

EXTRAIT DU CATALOGUE

M. NICOLETTI

Le fascisme contre le paysan 3 50

M. KALININE

Que fait le pouvoir soviétique pour réaliser la démocratie . . . . 1 »

N. BOUKHARINE

La question paysanne . . . . 1 »

I. CASTEL

Le prolétariat et les paysans. 0 60

E. GIRAULT

Paysans, à bas les partageux ! . . . . 1 »
(Préface de RENAUD Jean)

J. LAPKÈS

La main-d'œuvre agricole en Allemagne. . . . . 8 »

E. MONTUSÈS

Les ennemis du paysan. 1 50

Le paysan russe, avant et après la révolution . . . 2 50

Première conférence internationale paysanne . . . 2 50

Conférence paysanne internationale (novembre 1927) 2 »

L'action du Conseil paysan . . . . 1 »

Imprimerie Centrale, Paris, 5, Rue Erard

www.ingramcontent.com/pod-product-compliance
Ingram Content Group UK Ltd.
Pitfield, Milton Keynes, MK11 3LW, UK
UKHW022014170726
13837UKWH00001B/183